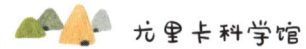

盲人能在梦中看到大象吗

妙趣横生的生活冷知识

尹传红 / 主编

岑少宇 / 著

宫世杰 / 插图

上海科技教育出版社

树懒到底有多懒？真的有让自己好斗的激素吗？开车最经济的速度是多少？假目标是怎样迷惑来袭导弹的？

这样一些有趣的话题，在"尤里卡科学馆"丛书的4个分册里，随处可觅。

这是一套面向中小学生的图文科普丛书。它以通俗易懂、生动谐趣的笔触，介绍了涉及动植物、天文地理、人体和军事等诸多方面的科学知识，突显了探索科学奥秘之乐趣所在，也展现了科学与人文、艺术相结合的魅力。

我相信，青少年朋友读后一定会增进对自然界和我们自身的了解与认识，增强对科学的亲近感。同时，它也必然有助于锤炼孩子们的逻辑思维能力和想象力，激发创新思维的火花。

阅读优秀的科普作品，对青年学子的精神发育和健康成长，影响甚深，至关重要。据我所知，许多著名的科学家，小时候就是因为接触到优秀的科普读物而对科学产生兴趣，渐渐地走进了科学的世界。

"创新兴则国家兴，创新强则国家强"。如今，国家已经把科学普及和科技创新提升到了同等重要的位置，并且致力于建设创新型国家，强调不断创新，要站在世界科技发展的前列。如果说，科技创新和科学普及是创新发展的一体两翼，那么，这推动创新发展的两翼应该比翼齐飞才好。也正是从这个意义上讲，我认为做好科学普及和科学教育，就是为未来的科技创新奠基，提供的是一种基础性的支撑。科学普及和科学教育，就应该有这样的高度与担当。

上海科技教育出版社多年来一直致力于谋划出版面向中小学生的原创科普精品，期望青少年读者经由阅读而理解科学、欣赏科学、参与科学，领悟科学方法、科学精神和科学思想的精髓，并能以理性思维进行观察和思考，进而实现课程内容之外的知识拓展、探究和创新思维的延伸，进一步提高素质与能力。"尤里卡科学馆"丛书，正是在这样的背景下应运而生的。

好书便是好伴侣。最是书香能致远。

我热切地期盼，"尤里卡科学馆"丛书能够成为青少年朋友悦读探索的好伴侣。

愿你们在阅读中思考，在思考中进步，在进步中成长！

尹传红

2019 年 7 月

目录

人体密码

- 003   "代糖"真的有害吗
- 007   为什么脚会臭
- 010   人的寿命极限是多少
- 013   盲人能在梦中看到大象吗
- 015   聋人脑中会响起音乐吗
- 017   为什么下雨的时候头发会打卷
- 020   为什么有些人常在闹钟将响之际醒来
- 023   为什么我们会流眼泪
- 025   "你踩你也麻"是怎么回事
- 027   为什么人会长白发
- 029   为什么吸烟会致命
- 032   为什么拍照时会出现红眼

生命奇迹

- 037   乌龟为什么冻不死
- 039   为什么切洋葱时会流泪
- 041   干细胞是如何工作的
- 044   为什么热带的动物也有厚实的皮毛
- 047   为什么香蕉是弯的
- 049   为什么鹿有角

052 世界上最大的动物是什么

055 为什么有的树冬天不会掉叶子

058 防止误食毒蘑菇有什么好办法吗

060 为什么猎豹长斑点，老虎长条纹

062 为什么苍蝇能站在任何物体上

电磁奥妙

067 那些和汽车有关的雷达，都是怎么工作的

070 为什么要推广使用 LED 灯

072 加油站禁止使用手机有道理吗

074 微波炉真的会危害健康吗

077 手机信号和 Wi-Fi 信号是怎么穿透墙壁的

081 手机的安全标准是怎么制定的

084 为什么天是蓝的

087 为什么我们总是来不及拍下日落的照片

089 绚丽的极光是怎样产生的

日常之迷

093 镜子里的像真的不会上下颠倒吗

096 薯条源自哪个国家

099 "蜜月"这个说法是怎么来的

101　面包落地时，为什么总是涂果酱的那面朝下
　103　为什么书的前后经常有几页空白
　　105　打电话为什么要先说"喂"
　　　107　为什么本初子午线位于格林尼治
　　　110　为什么手机套餐的优惠力度这么大
　　　113　为什么浴帘爱贴身
　　　116　冲厕所的水都流到哪儿去了
　　　119　为什么自行车行进时能保持平衡
　　　122　为什么雨水尝起来不咸
　　　124　为什么大海会有潮涨潮落

人体密码

"代糖"真的有害吗

如今,随着生活水平的提高,得糖尿病的人越来越多,他们往往只能吃无糖食品。另外,有些喜欢保持苗条身材的人也热衷于无糖食品。因此,食品科学家们采用阿斯巴甜或木糖醇等甜味剂代替蔗糖,满足这些人群的需要。

阿斯巴甜诞生至今,已经有许多年的历史,虽然无数人喝过、吃过含有阿斯巴甜的食品,但阿斯巴甜对人体有害的说法一直在流传。

阿斯巴甜有什么害处?广泛流传的说法一个比一个夸张:它能引发头痛、记忆力衰退、癫痫、视力受损、昏迷,诱发癌症、阿尔茨海默病……甚至使人猝死。有些帖子还会煞有其事地举出老鼠实验的例子,用数据"证明"阿斯巴甜的害处。

不得不说,现在编段子的人越来越高明了,在谣言之中加点数据,确实更容易让人相信。不过,只要简单查一下,你就能发现,欧洲、美洲、亚洲等地区的一些食品安全机构,

早就证实了在正常食用的条件下,阿斯巴甜没有致癌作用或神经毒性,是非常安全的。

你也可以查阅原始的研究文献,但需要注意,科学家、学术期刊也有犯错的时候,有些实验设计得并不完善,或者证据不是很充分,仍然会被发表出来。而且现在有越来越多的在线论文发布平台,研究者可以比较自由地发表论文。这当然有助于活跃学术氛围,但普通人未必能发现文章中相关实验的漏洞。

相比之下,权威机构在发表某种成分的安全性评估结果时,会尽可能考虑所有文献,它们的结论还是比较靠谱的。

此外,很多谈毒性的流言都会回避剂量问题,有时候我们只要稍微估算一下,就会发现这些流言的荒谬之处:原来某种东西要每天吃几吨才有害啊!而权威机构在参考各种文献进行专业评估时,通常能避开这些低级错误。

说了那么多阿斯巴甜,那么木糖醇呢?它同样是安全的,其实它天然存在于一些植物中。目前,木糖醇被认为是适合糖尿病人食用的蔗糖替代物。

这么说来,我们就可以放心食用无糖食品了?那倒也不是,因为无糖食品也许会使你产生"依赖感"。听着是不是挺耳熟?"依赖感"也是流言里常见的说法,有人认为阿斯巴甜会使我们对糖类的感受能力下降，这样一来我们需要吃更多的糖才能感到满足。这听起来有些道理，但并没有坚实的证据支撑。

我说的"依赖感"是指心理上的感觉。无糖食品使人安心，不知不觉就造成食用过量的结果。还有些人依赖无糖食品给自己的心理补偿："啊，我又想吃汉堡、薯条了，可它们的热量太高了！不过，如果我选择搭配无糖的零度可乐当饮料，总体上还算吃得比较健康吧！"经常这样吃，你说会有什么后果？

另外，有些食品标注不规范，虽然它们不含蔗糖，但仍含有其他糖类，并不能算作真正的无糖食品。还有的无糖食品虽然无糖，却含有大量淀粉，目前在食品工业的定义中，淀粉和糖均属于碳水化合物，对于想控制体重的人来说，在

吃无糖食品前,还要看一看碳水化合物的含量。

总而言之,虽然"代糖"无害,但吃无糖食品还是要有所节制。任何东西都不宜吃太多,均衡饮食才是最好的选择。

为什么脚会臭

谁都不想遇见这样的场景：主人让客人换拖鞋，结果迎来的不仅是客人，还有一些"特别的"味道，这时不管是主人还是客人都会很尴尬。

当然，聪明的客人有时会自己带鞋套，既方便，又可以藏起"小秘密"。可回到自己家，臭脚总是个麻烦，甚至连家里人都会抱怨。

要想解决这个问题，得先弄清楚脚臭是怎么来的。不妨先想想，为什么我们只知道脚臭，却从没有听说过"手臭"？脚真的这么特别吗？

其实脚和手的皮肤结构是类似的，分泌的汗液也没有多大差别。汗液本身当然不会臭，关键在于脚部和手部的环境不同。

脚经常一整天都被裹在袜子里，塞在鞋子里，由于出汗，形成了潮湿闷热的环境——特别是脚趾处，而这正是某些微生物，比如短杆菌的最爱。

对于这些微生物来说，脚部不仅环境适宜，食物也很丰富，脚上的死皮碎片都留在袜子里，被这些微生物分解，同时产生一些气体。形成脚臭的最主要的气体就是甲硫醇。乍一听这名字我们或许感到有些陌生，但其实它离我们的生活还挺"近"的，煤气里添加的就是它，用来提醒我们是否发生了泄漏。

在这么好的条件下，脚部的微生物大量繁衍，产生了许多甲硫醇。当然有一部分甲硫醇能透过鞋子散出来，只是量不大，而且迅速被周围的空气稀释，所以不会被人察觉，但当脱去鞋子时，后果就可想而知了。

之所以没有"手臭"，是因为手经常暴露在外，一天还要清洗多次，一方面微生物失去了潮湿温暖的环境，另一方面它们和"食物"也经常被"洪水"一起冲走。如果改造下手的环境，比如长时间戴着橡胶手套，"手臭"恐怕就很难避免了。

人们描述脚臭时，还常常提到"酸臭"，这种酸味来自丙酸。它也是微生物在分解氨基酸时产生的。

另外，表皮葡萄球菌的活动会产生异戊酸，在一些气味浓烈的奶酪里也能找到它，所以

有些人会觉得臭脚闻着像奶酪,特别是"魔鬼奶酪""林堡奶酪"等。中国人发明了臭豆腐,欧洲人发明了臭奶酪,这大概就是所谓的"天下吃货是一家"吧!

2006年的生理学搞笑诺贝尔奖颁给了与脚臭和奶酪相关的研究。实验证明,对雌性冈比亚按蚊来说,林堡奶酪和人类脚上的气味具有同等的吸引力。

当然,脚臭没有完全一致的"配方",因为每个人脚上的微生物多少有些不同。

面对同样的脚,人们很可能闻出不同的感受。杜克大学的科学家发现,任意两个人鼻子内大约30%的嗅觉感受器都是不同的。嗅觉也与记忆相关,很多中国人不怎么吃奶酪,即使闻到异戊酸,也不会联想到奶酪。

人们对自己的气味有一定的"适应性",虽然能感受到自己脚上的甲硫醇等的臭味,但不会太排斥。不过,为其他人着想,还是勤换洗鞋袜,穿通风透气的鞋子吧!

人的寿命极限是多少

许多帝王都曾求仙问药,想要长生不老;后来,人类逐渐认识了自己,认识了自然界,知道永生是不可能的,人终有一死。但这又产生了另一个问题:人类寿命的极限是多少呢?

在稳定的社会环境中,随着现代医学的进步、各方面保障措施的提升,以及健康卫生习惯的改善,我国人均寿命在近几十年内有了巨大的增长:民国时期人均寿命仅35岁左右,现在则已超过75岁。2014年的数据显示,当时我国健在的百岁老人达58 789人,年龄最大的达128岁。

然而,由于100多年前,许多国家的社会管理机制还不健全,有些长寿老人的真实年龄很难查证。比如,巴西老人德索萨自称131岁,向吉尼斯世界纪录申请认证为世界上最长寿的人，但2016年年初，吉尼斯否决了他的申请，因为他出生在塞阿拉州，出生证明却是1974年在阿克里州异地补办的。

他的年龄难以核实，但亲属的年龄有比较准确的记录，可以作为参考。如果他真有131岁，根据小女儿的年龄推断，他是101岁时"老来得女"，这将把已核实的"最老父亲"的纪录提高一大截，老年医学专家们对此都感到难以置信。这也是申请被否决的原因之一。

至于网上流传的或者某地县志里记载的奇闻，不管吹嘘某人活到了160岁还是200岁，大家只要笑笑就好，那不过是古今中外的各种骗局而已。

就目前人类的医疗技术水平而言，有很多与衰老相关的难题无法克服，比如基因组会渐渐失去稳定性，端粒缩短，基因表达出问题，线粒体功能异常，细胞衰老，干细胞耗竭，细胞间的信息交换情况改变，对营养素的感应失调等。因此，科学家们很难帮助长寿老人继续"突破"寿命极限。

理论学家也试图推导出人类寿命可能的极限范围。性成熟理论认为，哺乳动物的寿命极限是性成熟年龄的8至10倍。但这只是很宽泛的估计，而且人类与性生理相关的年龄指标也在变化。由于营养水平的提高，现在德国男孩18岁时的发育成熟度相当于1800年的22岁；另一方面，19世纪时欧洲人一般在45岁左右就进入更年期，而如今，人们的更年期直到50岁甚至更晚才开始。

海弗利克极限理论则是基于体外细胞实验的推论。他发现人工培养的人体细胞只能分裂40至60代，超过这个极限，不管采用什么方法，细胞都将衰老死亡，只有生殖细胞、某些癌细胞可以"无限"分裂下去。根据这一理论推测，人类寿命的极限在120至150岁之间。

盲人能在梦中看到大象吗

每个人都会做梦，不管剧情是日常的还是"离奇的"，我们往往都会沉浸其中。梦之所以能给我们带来真实的感觉，最重要的原因之一，就是梦境展现了丰富的影像。

这些影像从哪里来呢？绝大部分都来自我们的记忆。所谓"日有所思，夜有所梦"，每天我们所看到的各种各样的东西，都可能在梦境中反映出来。可盲人什么都看不见，他们能在梦境中看到大象吗？

其实，每个盲人的情况还不一样。盲人摸象讲述了一群盲人各自抚摸大象身体，每个人都以为自己摸到的一部分就是大象的故事。这个故事里的盲人是先天失明的盲人。对于后天失明的盲人来说，他们也曾见过大千世界，由于还拥有与视觉相关的记忆，因此能在梦境中还原过去曾看到过的东西。但是，他们无法再接受更多的视觉刺激，脑中的"影像"会渐渐变化，特别是对色彩的感觉到后来很可能偏离实际的样子。

研究发现，7岁左右是一个关键的时期。如果盲人是在7岁前失明的，就会损失绝大部分甚至全部视觉记忆，如果7岁之后才失明，则会保留相当一部分视觉记忆。因此，后来失明的盲人可能还保留着有关大象的视觉记忆，并在梦境中看到大象。有些学者认为，先天盲人的睡眠中，甚至可能没有快速眼动阶段。

还有一个调查可以证明儿童时期视觉记忆的重要作用。当人们频繁地观看电视电影后，它们会极大地影响梦的形成。尽管人们在日常生活中看到的世界是彩色的，但是看黑白电影电视长大的人，会有25%左右的梦是黑白的。而看彩色电影电视长大的同龄人，只有不到10%的梦是黑白的。

然而，不管视觉记忆衰减、扭曲了多少，盲人的梦境依然可以是非常充实的。盲人的触觉、听觉、嗅觉、味觉等变得更为发达，帮助他们适应了没有视觉的生活，也丰富了他们的梦境。凭借这些感觉，他们也能构建出丰富的梦境。

比如，盲人可以摸出苹果的形状，闻到苹果的香味，就能在梦里重建出一只苹果。当然，这与视觉正常的人梦中的苹果存在差异，但它确确实实是个"苹果"。

盲人可以用拐棍探测街道，用听觉分析回声感受房间的大小，通过这些感觉所获得的真实世界的信息都可以在梦境中反映出来。

聋人脑中会响起音乐吗

♪ 盲人能够靠其他感官创造丰富的梦境，甚至成为画家，聋人当然也可以通过别的方式欣赏音乐。

和讨论盲人的梦境一样，在聋人欣赏音乐这件事上也得分先天与后天两种情况讨论。后天失聪的音乐家并不罕见，比如大名鼎鼎的贝多芬。

据说贝多芬在失聪后，能够通过琴键的振动来感知音乐，对于这样后天失聪的大音乐家，脑海中响起音乐想必不是什么难事。但无论如何，失聪还是给他的创作带来了严重的负面影响，他曾在写给朋友的信中坦承过这一点。

至于先天失聪的人，虽然他们无法像我们那样完整地欣赏音

乐，但利用振动感知节奏快慢、音乐强弱的方法还是很管用的。手语翻译和演员的肢体表演也可以传递歌曲的内容和情感。说唱音乐或许最适合以这样的方式展现给聋人。这对手语翻译而言，是极大的考验。他们不仅要及时翻译出迅速变化的歌词，还要兼顾音乐的层次感，并加上更丰富的肢体语言和表情，以帮助表现情感。

聋人自己也可以成为不错的歌手，只要对他们的发声加以正确的指导。比如，最早发明哑语的德雷佩神父就曾组织失聪儿童为路易十五演唱歌曲。

而由聋哑人表演的舞蹈《千手观音》不仅感动全中国，还走向世界，令全球观众折服。她们依靠舞台四周的手语老师把握音乐节奏，按手语提示整齐地做出动作。在排练时，演员们也会趴在音箱和地板上，通过感受它们的振动，更真切地感受音乐的节奏快慢和强弱变化，理解音乐的内涵。

为什么下雨的时候头发会打卷

淋雨对绝大部分人来说，恐怕都不是什么愉快的体验。一场雨淋下来，衣服箱包损失不小，发型肯定也全毁了……下雨天没带伞，当然怨不了别人，可带了伞，头发还是很可能会卷曲、翘起，这就让人郁闷了。

既然雨滴没有沾到头发，让它起变化的秘密究竟藏在哪儿呢？答案是在空气里。下雨天，空气较为潮湿，含有大量水分，头发很容易因为吸收水分而变长。

一般来说，当相对湿度从0增加到100%时，毛发的总伸长量约为原有长度的2.5%。日常生活中，湿度变化不会那么大，毛发长度的变化就更小了，我们自己根本感觉不到。

但科学家有办法把微小的变化放大显示出来。1783年，瑞士地质学家索叙尔就根据这一原理发明了毛发湿度计。我们在家里也可以尝试制作简易的湿度计，不过记得要去除毛发上的油脂，因为它会影响头发对水分的吸收，并用重物把头发绷紧，避免它卷曲。

索叙尔还试图用湿度计来预测天气。如果湿度低，一个小羊倌会从仪器的小窗子里欢快地跑出来，那意味着今天将会是个大晴天；湿度高时，仪器里则有一位穿着西装打着雨伞的先生走出来，表示要下雨。遗憾的是，这种天气预报并不靠谱，因为单凭湿度是无法准确判断会不会下雨的。有时天气潮湿闷热，人们巴不得快点下雨，但就是不能如愿。

长度的变化只是潮湿天气给头发带来的部分影响，对于卷发的人来说，这可能更容易使头发卷曲。但更关键的是另一个因素。

头发里的角蛋白含有硫，相邻的角蛋白分子链会通过两个硫原子"牵手"，而且它们"感情深厚"，一牵上就很难分开。另一种"牵手"方式和氢原子有关，被称为氢键，"牵手放手"随意得多。潮湿时大量水分子与角蛋白形成氢键，而且一个水分子里有两个氢原子,可以间接地把相邻的角蛋白连起来,这样一来,头发就会变得更弯曲了。

要解决这一问题,办法也很简单:盘个发髻、梳个麻花辫,别人就不容易看出头发是否变卷了,多上点定型发蜡也会有帮助哟!

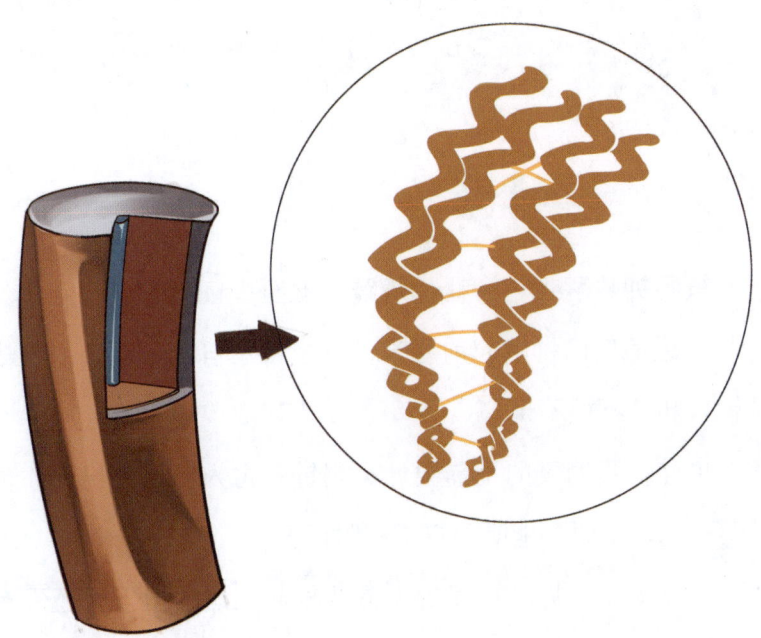

为什么有些人常在闹钟将响之际醒来

被闹钟吵醒也许会让你烦躁，但至少证明它起作用了。有些人经常在闹钟响起前醒来，不由得想自己是否真的需要闹钟，却又不敢不用。

也许，我们真的不需要什么闹钟。古人都是日出而作，日落而息，平时只能听到打更报时而已。

工业革命之后，更多的人需要早起上班，但当时还没有闹钟，便产生了独特的"敲窗人"这一职业，靠敲窗来叫醒客户。这想必也是个技术活，既要叫得醒人，又不能吵到邻居。

现在，手机的闹钟功能已经成了大部分人使用闹钟的首选，还有渐强、重复等模式，以及各种铃声可供选择。

虽然这些闹钟"技术"日新月异，可我们人体本身却没有多大变化，还是会受到生物钟的影响。褪黑素是一种参与人体生物钟调节、促进睡眠的物质，晚上分泌得多，白天分泌得少。如果睡眠时感受到光照，人体便会抑制褪黑素的分泌。

在闹钟响前醒来,很可能是由于受光照影响。

生物钟不是一成不变的,长期使用闹钟,会把我们的生物钟"训练"得与它响铃的时刻差不多。我们当然不会非常精确地与闹钟同步醒来,如果把闹钟调成静音,请别人替我们观察,也许会发现,我们醒得有早有晚,说不定两者的次数差不多。但在实际生活中,我们容易忽略自己被闹钟叫醒的情况,也就是"醒得比闹钟晚"的情况,反而对提前醒来的情况印象深刻。

你也许还有过另一种"神奇"的体验,第二天如果有什么特殊的事情,比如考试、出游,你设定了一个比平时起床时间更早的闹铃时刻,结果你醒得比闹钟早。

这是因为你非常重视这件事,大脑便早早地调好了"生物钟",在需要醒来前,提早减少褪黑素的分泌。同时,大脑还会下令释放皮质醇,帮助我们应对压力。只要睡前别太紧张焦虑或者睡得太晚,这种机制一般多少都会起点作用,即使我们最终仍被闹钟叫醒,那时其实自己也快醒了。

有些人喜欢在被闹钟叫醒后再躺一会儿,甚至为此将闹钟响的时间设定得更早。然而,醒后"补睡"的睡眠质量通常远低于夜晚熟睡时的睡眠质量。

另外,经常有传闻说,被闹钟吵醒会影响健康,甚至"容易引发高血压"。正常人起床后的血压变化是暂时性的,与高血压根本不是一回事。只要在醒来前已经有了充足的睡眠,即便是被吵醒也不会有什么负面作用,我们大可以安心地使用闹钟。

为什么我们会流眼泪

古人说"男儿有泪不轻弹",现在的网友则说"男默女泪",在有些人的观念里,哭泣流泪和女子更有关系。实际上,不管男女,流泪都是必需的哟!

眼泪最重要的作用并非帮助我们表达感情,而是润湿眼睛。当眼球变得较为干燥时,我们就会感到不适,视觉受影响,最严重的甚至可能失明。每隔几秒钟,我们就要眨一次眼,用新的眼泪润湿眼睛表面,让它保持最佳状态。

也许你会问,如果我们一直在制造眼泪,为什么平时泪水不会像哭泣时那样流出来呢?这是因为润湿眼睛所需的眼泪非常少,一天也不过150克到280克,除了蒸发掉的,其余的眼泪会顺着泪小管流向鼻腔。在上下眼睑靠近鼻子一侧各有一个小孔,它们叫作泪点,是泪小管的开口。

我们能短暂地撑住眼皮不眨眼,但当遇到外界刺激,比如眼睛进了沙子时,或切洋葱时,简直连一秒都忍不住。

鳄鱼在吃东西时会不停地流泪，这当然不是因为它替猎物感到惋惜，有的动物学家认为，那是因为它在进食时鼻子里的一部分空气通过鼻泪管进入眼睛，刺激到了泪腺。

在大多数情况下，人的泪水确实与感情相关。不流泪的干嚎一眼就会被看穿是在假哭，悲伤常常以真正的眼泪为载体。

心理学家发现，泪水可以让别人更乐于帮助我们。一个显而易见的推论是，善于哭泣的人可以借此"操纵"别人，甚至有科学家认为，这就是人类产生哭泣能力的进化动力。至少，以感情戏见长的电影明星确实能凭借收放自如的泪水赢得赞赏。

也有科学家认为，婴儿的哭声能刺激母亲释放出更多的催乳素，以提供更多的乳汁。比起单纯叫唤的婴儿，哭泣的宝宝也许更具生长优势。

哭泣也可以释放一定的压力，但有学者研究发现，刚哭完时心情可能比不哭还要差，而在几十分钟后，心情才会转好。如果有一位朋友在旁边，哭泣的积极作用则更明显，如果周围是一堆冷漠的旁观者，哭泣就完全起不到释放压力的作用，效果适得其反。

既然哭泣的作用受外界影响那么大，那么我们是不是干脆就忍住不哭比较好呢？目前公认的观点是，想哭就哭比较好，这样不会憋坏身子。该哭就哭吧，大不了找个好朋友陪伴，躲起来哭呗！

"你跺你也麻"是怎么回事

"你跺你也麻！"这是某年春晚小品的一句台词。小品里的"骗子"用脚麻腿瘸说事，让人自愿掏钱"治疗"。他命令"受害人"用力跺脚，然后问麻不麻，"受害人"果然脚麻。别说"受害人"摸不着头脑，就连旁观的"骗子"老婆也一头雾水，"骗子"便悄悄对她吐露了题目里的这句话。

原来，人在快速用力跺脚或拍手时，脚或手发麻是正常现象。手脚上的感觉来自神经细胞。它们和几乎所有其他细胞一样，都要靠氧气和其他养料才能维持良好的工作状态。当我们用力跺脚拍手时，压力反复冲击、挤压血管，阻碍了脚底、手掌等部位血液的正常流动，在供氧不足的情况下，感觉神经细胞的工作效率就会降低，甚至"罢工"。

不过，在跺脚拍手后的瞬间，有弹性

的血管能迅速恢复，细胞纷纷活跃起来，一下子传输大量神经信号，大脑来不及处理反应，就产生了麻的感觉，当然，这种感觉还和跺脚拍手的痛感混合在一起。

日常生活中，四肢麻木是十分常见的现象，原因有很多，比如久坐、头压着胳膊睡觉等，严重时，你甚至觉得手脚都不像是自己的。这些都是相应的神经以及血管受压迫所导致的。只要调整姿势、耐心等待，麻的感觉就自然消退了。

有些疾病比如增生的肿块、肿瘤、骨骼或关节的变形也会压迫神经和血管，甚至损伤血管或神经本身，这都有可能频繁地、较为持续地引发麻的感觉。

不过在大部分情况下，即便手脚频繁发麻，往往也只是由于我们的坐姿、站姿、睡姿不恰当。现在，人们越来越重视健康，但也不必草木皆兵，只要手脚发麻的现象有合理的解释，就不必吓唬自己了。

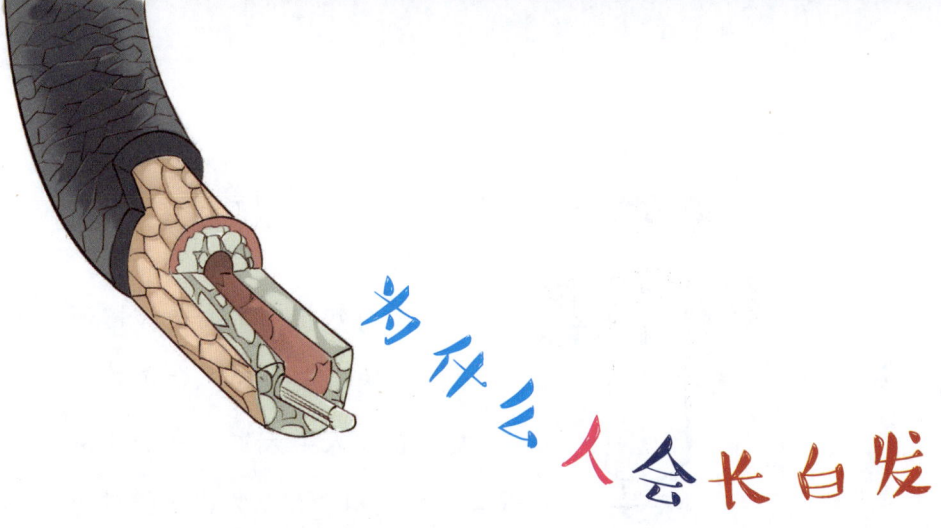

为什么人会长白发

"一夜愁白头"的说法广为流传，但这话只说对了一半。发愁确实有可能让人头发变白，但要论时间，"一夜"就太夸张了。

人的头发有各种颜色，这要归功于黑色素细胞。顾名思义，这些细胞负责分泌黑色素，它们所青睐的头发会变得乌黑亮丽，它们懒得搭理的头发就呈现出褐色、金色，如果它们完全不工作，头发就变白了。

当人们极度苦闷时，会影响内分泌，导致黑色素细胞罢工，便产生了白发。类似地，随着年龄的增加，我们的内分泌系统也会渐渐改变。30多岁起，白头发就可能不断地冒出来。

然而，即便出现"愁白头"的现象，已经长好的头发里该有的色素都还在，因此它们仍是本色，不可能一夜间变白。恐怕需要好些天，新的白发才能长出来。新长出来的头发发根是白的，发梢是黑的，当白发长到一定程度，让理发师将

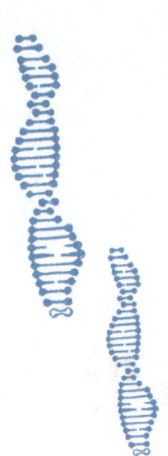

头发黑色的部分剪去，变成一头白发。

自然状态下，比较接近白发的是灰金色、金色的头发，北欧人中天生金发的比例很高。有些科学家认为，人类进化出金发的原因与白皮肤类似，在光照较弱的高纬度地区，减少黑色素能接收到更多紫外线，从而合成更多维生素 D，促进钙质吸收。

也有人类学家认为，最初的金发是由于外表独特，得到更多异性青睐而进化出来的。考虑到其他纬度不高、气候炎热的地方，比如澳大利亚、所罗门群岛都有金发的土著，这种假说似乎也有些道理。

近年来，科学家深入研究了与金发相关的多个基因，认为金发这一特征可能是在人类历史上经多次进化产生的。不过，人类终究没有进化出真正的"白发"，因此拔白发的烦恼恐怕还要持续下去。

为什么吸烟会致命

2017年3月1日起，上海开始在室内公共场所、室内工作场所、公共交通工具内全面禁烟，这意味着，过去的各种吸烟室从此成为历史。我国民众也非常支持在公共场所禁烟。而在世界范围内，俄罗斯、英国、法国、加拿大、新加坡、日本等国也都有比较严厉的禁烟措施。

可以说，禁烟已经是不可阻挡的大趋势，原因就在于吸烟严重危害我们的健康。

我国现有烟民超过3亿，2015年，英国牛津大学、中国医学科学院和中国疾控中心共同发表研究报告，指出2010年中国由烟草导致的死亡人数达到100万，如果不禁烟，这一数字到2030年将增加到200万。

燃烧是非常复杂的化学反应，点燃香烟后，会产生4000多种物质，主要有害成分至少有250种，包括：尼古丁、焦油、一氧化碳，以及苯、氮氧化合物、氢氰酸、氨、砷、重金属元素镍、镉的化合物等,甚至还有放射性的钋。而且有些物质燃烧后的产物,颗粒非常小,吸烟者周围的小环境里细颗粒物的含量也会上升。

尼古丁使人上瘾,而焦油等69种物质则会大幅增加吸烟者得肺癌的概率。女性如果频繁吸烟,流产的风险也会增加。如果母亲经常吸烟,肚子里的小宝宝就会比正常胎儿更频繁地用手摸脸摸嘴,从彩超里看,似乎表情痛苦。

另外,香烟点燃后产生的有害物质不仅被吸烟者本人吸进去,也会影响周围的其他人,这被称作"二手烟"。

虽然燃烧情况有所不同,但"二手烟"与"一手烟"浓度差不多时,对人体的危害基本相当。你也许会说,生活中"二手烟"会很快散开,浓度迅速下降,危害就小了;但别忘了,这些有害物质毕竟还是刺激着你的呼吸道,如果长期吸入"二手烟",患癌几率会上升。所以,要在公共场所坚决禁烟,杜绝害人害己的现象发生。为了自己和他人的健康,应积极地举报在禁烟区域违规吸烟的行为。

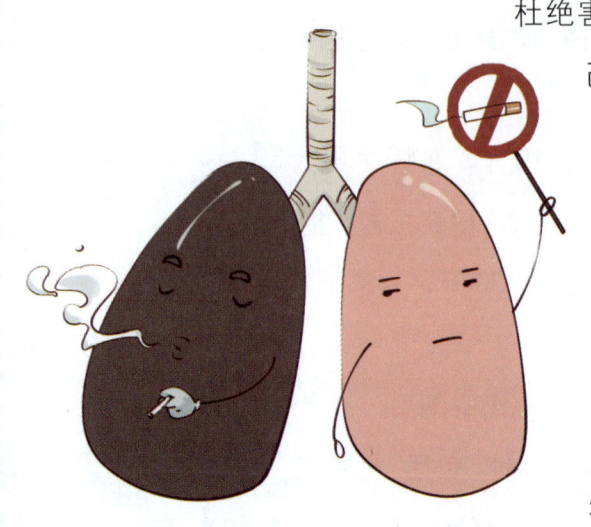

近些年商家推出了电子烟作为香烟的替代品,甚至宣称电子烟可以帮助戒烟。电子烟靠电热雾化产生含有尼古丁的水蒸气。香烟

燃烧产生的各种乱七八糟的物质，电子烟基本都没有，但有些金属，如镍的含量，甚至比传统卷烟的还要高。电子烟雾化液的溶剂、香料在受热后也可能产生有害物质。最关键的是，尼古丁还在，仍有可能让人上瘾。如果戒了香烟，却迷上了电子烟，健康隐患依然存在。

　　电子烟是否完全无害，之前也有争议，各种研究得出的结论差别很大。但是，我们要考虑到电子烟是一笔很大的生意，在利益交锋的背景下，需要对各类"研究报告"留个心眼。国家已经规定，禁止向未成年人出售电子烟。在此之前，为了我们的健康，最好什么烟都别碰，不管是香烟还是电子烟，也不管是一手烟还是二手烟。

为什么拍照时会出现红眼

闹了一夜,聚会散场,你举起手机开心地和朋友们合影留念。"茄子——""咔嚓!"虽然聚会的地方不是很亮,但小小的手机闪光灯还是很给力,你相信它一定能拍出清楚的照片。可当朋友们围在你身边欣赏你拍摄的照片时,却发现每个人的眼睛都成了兔子般的"红眼睛"。

"哈哈"笑过之后,也许会有懂摄影的朋友感叹:"唉,手机拍照就是不行,还是得用相机拍才能消除红眼。"时髦的朋友则会拿出他的新款手机,显摆一下它也有消除红眼的功能了。这种红眼现象到底是怎么来的,为何能被消除呢?

相信你肯定注意到,如果不用闪光灯拍照,就不会出现红眼;如果在光线充足的地方,即使拍照时用了闪光灯，也不会出现红眼。可见问题出在眼睛与闪光灯的"互动"上。

眼睛里感受光线的部分是视网膜，位于眼球的底部，眼球一定得有个开口，才能让光线照射到视网膜上，这个开口就是瞳孔。不管眼珠是什么颜色，瞳孔都是黑的，因为照射到眼球里面的光线一般都被视网膜上的感受器吸收了，这样我们才能感受到光线。

瞳孔的神奇之处在于可以自动变大变小。去卫生间试试吧，打开普通照明灯，凑近镜子看看瞳孔，记住它的大小，再打开浴霸之类很亮的灯，回到原位照照镜子，瞳孔是不是变小了？

调节瞳孔大小的就是我们眼珠有颜色的部分，叫作虹膜。当环境光线充足时，虹膜就会缩小瞳孔，只让较少的光线射进去；当周围很暗时，瞳孔就要放大，让光线多进去些，使我们的视网膜尽可能多感受些光线，才能看清楚。

当我们使用闪光灯时，由于眼睛已适应了较暗的环境，瞳孔仍然很大，太多的光照射入眼睛，被视网膜底下的血管反射出来，就产生了红眼现象。白兔的红眼睛也是血管反光造成的，但原因稍有不同，它们缺乏黑色素或灰色素，没有虹膜上的色素遮挡，不管瞳孔多大，眼睛都一直呈现红色，即便在不受闪光灯照射时也是如此。

相机消除红眼的办法,就是在拍照前先闪光几次,让虹膜缩小瞳孔,进入眼睛的光就少了。有些手机也用这样的办法消除红眼,但因为小闪光灯的能力有限,效果确实可能比相机差些。还有些手机,干脆用图片编辑的手段,把照片里的红眼自动"涂黑"。

眼底会反光不只是我们人类独有的现象。一些夜行性动物之所以在夜间也有良好的视觉,重要的原因之一,就是它们的眼底多了一层特别能反光的"照膜",反射的光可使感光细胞再次受到刺激。当我们正面看它们时,就能看见绿眼睛,也就是反射出来的"绿光"。

生
命
奇
迹

乌龟为什么冻不死

有些养龟的朋友，曾在冬天把盛有乌龟的玻璃缸放在室外，忘记拿回房里。第二天起来一看，天呐，乌龟竟然被整个冻在里面了！不过，大部分情况下，乌龟都能在解冻后活过来。这是怎么回事呢？

许多龟类本来就会冬眠，在自然界里遭遇寒潮时，也可能在一夜间被冰封。虽然在人类看来，这已经是"速冻"了，但毕竟不是液氮罐翻倒在乌龟头上，温带地区的龟类已经很好地适应了寒潮，能很快做出生理反应。

科学家们跟踪研究了冬眠的地图龟。他们先用锯子在冰上割开一个洞，然后潜水下去拿出龟，并收集例如水温和氧等环境数据。他们还抽出龟血并测量其酸度，以及乳糖、氧气和二氧化碳的浓度。

科学家们得到的结论是，这些大型的厚壳龟即使连着几个月无法向肺中吸入一口空气，整个冬天也基本上保持着有氧呼吸，这样就能避免由无氧代谢引起的酸中毒。

而且，它们对氧气的代谢需求很低，这既源于它们生理上的昏睡，也源于低体温。

它们如何获得氧气尚不完全明朗。然而龟在冬眠时头和四肢都是在河底完全伸展的，或许这样可以暴露尽可能多的皮肤以吸收溶解于水中的氧气。

有些龟冬眠时把自己埋在泥里，也可能遭遇氧气匮乏的情况，它们的身体会有什么变化？研究者将它们封在注入氮气、驱走所有溶解氧的水中。这些龟仍然顽强地生存了约4个月。它们通过提高血液中阳离子（镁离子、钙离子和钾离子）的浓度，在一定程度上减缓了血液酸化。

需要注意的是，即使同一种龟，适应能力也会有差别。比如，草龟分布广泛，个体之间的南北差异，或许会影响其遭遇寒潮时的存活率。如果看到某些乌龟冻而不死的故事，我们不能照搬经验，温度及其变化、冬眠前的食物准备等条件都会影响乌龟的存活率，我们很难穷尽所有影响因素，更无从判断乌龟的个体差异。饲养动物还是要用心些为好。

至于不怎么耐寒的巴西龟……打住，它可是入侵物种！在基本不可能冻死它的南方，巴西龟已经严重威胁本土龟类和其他动物的生存，重塑了食物链，破坏了河湖生态系统的稳定性。请一定不要饲养或随意放生巴西龟。

为什么切洋葱时会流泪

即使你从来没有切过洋葱，想必也听说过它"催泪神器"的名号。

不过，这也不能怪洋葱。所谓一个巴掌拍不响，正是洋葱和我们双方的防卫机制发生作用，才导致了流泪的结果。

对于人类而言，眼睛既重要又脆弱，需要抵御各种物理、化学攻击。有什么东西突然"杀"向眼睛时，眨眼反射就会自动启动，避免眼球受伤，虽然眼皮挺薄，但这层保护总比没有强。

当眼睛里有颗粒物，或受到化学物质刺激时，大脑就会下达命令，靠眼泪来冲刷异物。切洋葱时会流泪，显然不是因为我们为洋葱难过，也不是有什么沙子进了眼睛，而是由于洋葱内部释放出的物质刺激到了眼睛。

那么洋葱的"秘密武器"到底是什么呢？

原来，洋葱细胞内含有蒜氨酸酶。平时它都被隔离起来，当我们手起刀落后,细胞被破坏,它就会与一些特定的挥发性含硫物质相遇,并将它们分解,生成次磺酸。次磺酸会迅速变成一种被称为硫代丙醛-S-氧化物的物质。

这种物质能刺激眼睛,是让我们流泪的罪魁祸首,所以也被称为"催泪因子"。当然,在野外它就成了洋葱和同类植物抵抗动物啃食的防御利器。

后来,科学家又发现洋葱里还存在另一种对催泪因子的合成也起着重要作用的酶,就干脆命名为"催泪因子合成酶"。这种新酶的发现,获得了 2013 年搞笑诺贝尔化学奖。

既然知道了洋葱的武器是怎么回事,我们就可以对付它了。比如,在切洋葱时戴上游泳眼镜,把我们的眼睛保护起来。又如,用沾上水的刀切洋葱,那些刺激性气体就会溶于水中,甚至干脆将洋葱浸在水里切。再或者,将洋葱放到冰箱里冻一下,让蒜氨酸酶失活。

科学家已经在尝试用基因技术阻断催泪因子合成酶的产生,从而让洋葱卸下防备。未来或许就有这样一种洋葱,无论怎么切它都不会让我们流泪。

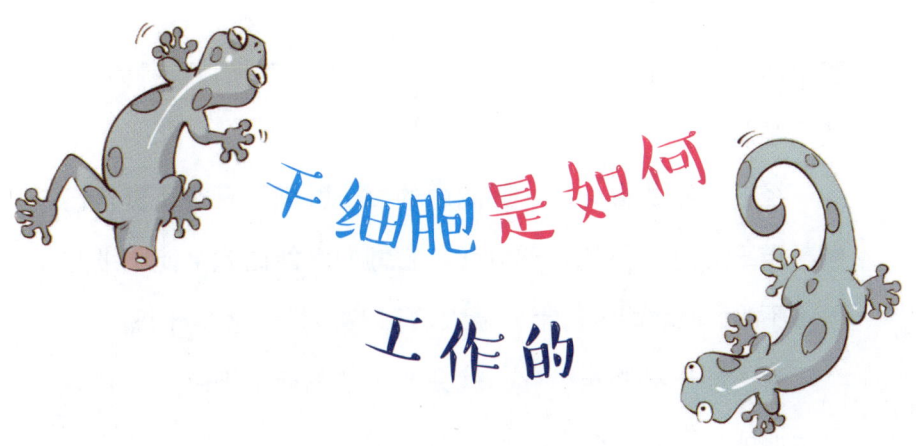

干细胞是如何工作的

你也许早已知道"干细胞"这个词，可你是否曾有一丝好奇：细胞里一般都有很多水，叫"湿"细胞还差不多，这"干"细胞是怎么回事呢？

原来，这个"干"不是干湿的干，而是基干的意思，读第四声。树干上能长出枝叶花果，干细胞则能变成各种其他细胞。壁虎断了尾巴能再长出来，就是靠再生干细胞的作用。

你的体内就有一些干细胞，它们的能耐当然比不上壁虎的，一般只能做些小修小补，或进行预定的细胞更新工作，没法再帮你长出条腿或鼻子。

科学家按照来源，把干细胞分成两类，一类叫胚胎干细胞，另一类叫成体干细胞；科学家还按分化潜能将干细胞分为全能干细胞、多能干细胞和单能干细胞。哺乳动物的受精卵和卵裂早期的细胞是真正意义上的全能干细胞。它们不仅能分化产生各种组织、器官，还具有形成完整个体的分化潜能,是干细胞中的"全能冠军",所以被称为"全能干细胞"。

经过一定的分化后,胚胎中的每一群细胞只能负责自己的一亩三分地,不能跨群分化,它们的潜能比起全能干细胞差了不少,但功能依旧十分强大,所以被叫作"多能干细胞"。

当多能干细胞再分化,就会产生"单能干细胞",它们只能形成特定的一种或几种类型的细胞。

干细胞听上去挺神秘,也确实仍有很多未解之谜,但其实在我们体内与干细胞相关的现象很常见。人体的细胞在不断老化,需要干细胞形成新的细胞来替换,比如头发、指甲的生长。掉落的皮屑也是死亡的细胞,可我们不会因此而破皮出血,就是因为早已有新的皮肤细胞替换了它们。

医学的终极梦想之一,也许是用全能干细胞治疗疑难杂症,甚至替换受损的器官。但要利用全能干细胞,必须克服调控的难题,否则一旦它失去控制,不仅无法治病,还可能像癌细胞那样疯长。

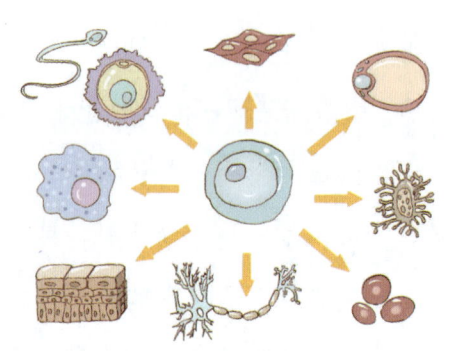

目前比较成熟的技术是用血液中的多能干细胞——造血干细胞治疗白血病等血液疾病。在我们的骨髓血、外周血里都有造血干细胞。不过骨髓血里的造血干细胞数量更多,过去都靠抽取骨髓血来获取造血干细胞,现在技术进步了,从外周血里就可采集。

但每个人的造血干细胞都不一样，如果随意输入别人的造血干细胞会有大麻烦。我们的免疫系统像警察一样四处巡逻，看见外来可疑人员就会把它拿下。所以在输入造血干细胞前必须比对一下，这就叫"配型"，只有配型成功的捐赠者的造血干细胞才能用。

人体内的造血干细胞具有很强的再生能力，捐献造血干细胞后，血液中的各种血细胞会在一到两周内恢复正常水平。有许多病人苦等合适的干细胞，条件适合的人还是应该踊跃捐献。

未来，我们也许有办法能够完全避免等待配型的麻烦，在病人需要时尽快获得合适的造血干细胞，有一种办法就是在婴儿出生时把富含干细胞的脐带血保存下来。

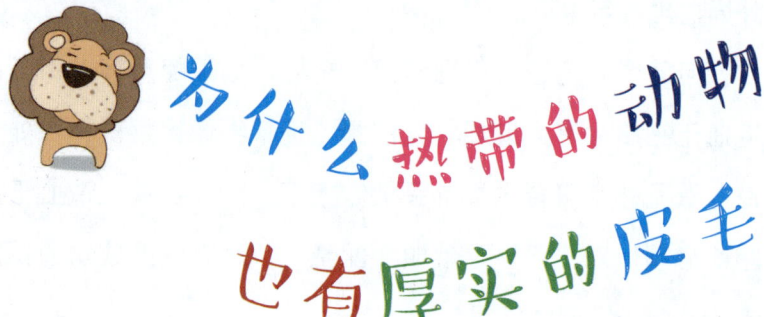

为什么热带的动物也有厚实的皮毛

现在有些电视节目以"荒野求生"为卖点，很受观众欢迎。不过仔细想想，要是我孤身一人在野外……唔，想想就让人心情紧张啊！与人类相比，其他哺乳动物在野外生活有不少优势，厚实的皮毛就是其中之一。我们人类没有其他动物那样的皮毛，就得依靠各类衣物和装备才能在野外生存，在丛林中生活的人猿泰山毕竟只是故事中的人物，"荒野求生"节目也只是精心的策划而已。

也许你会问：有些生活在热带地区的动物，它们的皮毛是不是也太厚实了点？雄狮子围着一大圈鬃毛，不热吗？这些皮毛有什么用，不应该在进化的过程中被淘汰掉吗？

这听上去有点道理，可"进化"不会欺骗我们，动物能生存下来，背后一定有靠谱的原因。热带环境对动物的挑战，可不光是温度，除此之外，还有日光的曝晒和蚊虫的叮咬，厚实的皮毛能起到保护作用。而我们在野外时，一般也需要穿衣戴帽才能更好地保护自己。皮毛还可以为动物提供保护色、隐蔽色。如果没有皮毛、"光着身子"，动物就会呈现出一身肉红色。想象下一只肉红色猎豹在绿野上晃荡会是什么样的情景，它的天敌能轻而易举地发现它，它所捕猎的目标肯定也早就逃之夭夭。

　　动物"外衣"的功能还不止这些。动物在择偶时，也有一定的标准，皮毛是其中重要的参考因素。比如，雄狮的鬃毛就能起到吸引异性的作用。更宽泛地讲，触须、胡子也是皮毛的一部分，可以帮助某些动物控制平衡，感受周围的情况。

　　不过话说回来，哺乳动物也并非都有浓密的毛发。大象、犀牛与河马的皮挺厚实，但没有长浓密的毛，体形硕大的它们相对表面积本来就小，散热效果差，如果再披着长毛，可真要热得扛不住了。它们不需要捕猎，通常也没有什么捕食者敢招惹它们，所以即便没有长毛提供隐蔽色、保护色，它们也能生存下来。至于如何对付蚊虫和日光，它们的解决办法是把泥浆涂在身上或泡在水里。还有完全在水里生活的鲸，为了减少在水中的阻力，在进化的过程中体毛也几乎完全退化了，保暖则主要靠皮下厚厚的脂肪。完全生活在地下的非洲裸鼹鼠也几乎没有体毛，甚至连眼睛也退化了。

　　我们人类则是更为特殊的例子，人类的毛发量与其他灵长类动物完全不能相比，动物学家莫里斯甚至将人类称为"裸猿"。大部分科学家猜测，人类毛发的退化与森林变成草原的环境变化，以及人类长距离活动时的散热需求有关。但进化过程还是留下了印记，未来我们也不太可能完全摆脱毛发，事实上，人类的毛发数量和大猩猩差不多，只是更短更细罢了。

为什么香蕉是弯的

香蕉也许是最受小朋友喜欢的水果之一，因为它剥起来很方便，吃起来也不会汁水四溢。不只是小朋友，就连运动员也喜欢香蕉呢！它富含能量、维生素和矿物质，在比赛过程中，是很好的营养"补充剂"。不过，在吃香蕉时，你有没有想过，它为什么是弯的呢？

其实香蕉刚长出来时，还是直的，几十个兄弟聚成簇，倒吊在枝条上，最初看上去只是往下长。但别忘了，由于植物需要通过光合作用来合成养分，能够弯曲生长、指向阳光的植物就更有优势，这种被称为"向光性"的本领也就在演化过程中脱颖而出。植物发芽时，这种现象非常明显，放在窗台上的幼苗，一定会向窗外探出头去。

香蕉本身虽然不是嫩芽、叶子，不是进行光合作用的"主力"，但也有这样的本领。可能是因为尚未成熟的香蕉表皮细胞中含有叶绿素，所以"向光性"也"有用"吧。香蕉一方面要往下长，可另一方面太阳悬在空中，向光性迫使它朝上"追逐"阳光，所以就逐渐长得弯曲了。它们先是偏转，再弯到近乎水平的位置，最后几乎都向上指。

我们日常生活中还会见到弯曲的黄瓜。不过，黄瓜与香蕉不同，有弯的也有直的。有些人以为弯的黄瓜是天然的，直的也许是被喷了什么药。但农业专家解释说，不管是弯黄瓜还是直黄瓜，都可以自然形成。一般来说，反而是直黄瓜更"正常"。因为在温度、土壤等条件比较适宜的时候，结出来的直黄瓜更多些。

各种生物都有自己的特性，我们需要沉下心来认识、研究它们。如果见惯了弯香蕉，就把直黄瓜视为异类，那样可就要闹笑话了！

为什么鹿有角

不管在哪个时代,怪兽片似乎总有市场,金刚、哥斯拉风靡全球,奥特曼系列里的各种怪物让粉丝们如数家珍,在许多与外星人相关的电影里也有千奇百怪的角色。创作者们只好绞尽脑汁,不断创造新角色,来满足观众。不过,如果某一天,你发现他们设计了凶残的"捕食者",却顶着如牛、羊、鹿般的大角,大可一笑了之。角对于食肉的猛兽来说,并没有什么作用,下面我们就来以鹿为例子,看看为什么是它,而不是食肉猛兽需要角。

鹿为了长角,投入了很多"资源"。每年春天,鹿角都会开始生长,最初是茸茸的,直到秋天才会完全骨化。梅花鹿或马鹿的未骨化而带茸毛的幼角,就是中国的传统药材鹿茸。骨化的鹿角富含钙与磷，成分类似骨头，而牛羊的角则更类似于指甲。

鹿当然不会平白无故长出这么多"骨头"，那是身份的象征。鹿角越庞大、多叉，雄鹿的地位就越高，对于鹿来说，大角不仅起到了提升"颜值"的作用，还使鹿在决斗时占优势。在硬碰硬的对顶、碰撞中，鹿角也会受损，如果严重"破相"，雄鹿就会"身价大跌"。随着年纪的增长，老鹿的角也会缩小。雄鹿要维持自己的地位，还真不是件容易的事情。

除了避免鹿角受损，对于雄鹿来说，更重要的是，别让鹿角钩住。如果解不开缠在一起的鹿角，两只雄鹿就都落到了非常危险的境地。面对捕食者时，大部分鹿主要依靠敏锐的听觉和嗅觉，及时发现危险，并迅速逃脱，而且鹿角多少也可以起到些防御作用。可如果两副鹿角锁在了一起，雄鹿不仅进食困难，还把身体的侧面、背面暴露给捕食者。

说到鹿的听觉，很少有人想到鹿角能够像天线一样收集更多的声音。加拿大的驼鹿专家托尼·布贝尼克很早就在观察鹿类时提出了这一猜想，但一直难以证明，也没有得到其

他学者的响应。他的儿子乔治·布贝尼克"子承父业",继续钻研,用鹿头骨、人造鹿耳和麦克风做了新的声学测试,但数据还是无法证明假说,只好再求助于第三代彼得·布贝尼克。彼得已经不再专门和鹿类"打交道"了,而是一名数学教授。他恰好用自己的专长重新分析数据,得出结论:当声音沿水平方向传来时,通过鹿角和头骨的传导,接收的声音信号被放大了19%。

看上去孙子"背叛"了家族传统,但正是他用数学知识,证明了爷爷的猜想。很多时候,学科交叉能产生这样神奇的效果,这已经是当代科学发展的常态了。让我们为坚持不懈的祖孙三代点个赞吧!

世界上最大的动物是什么

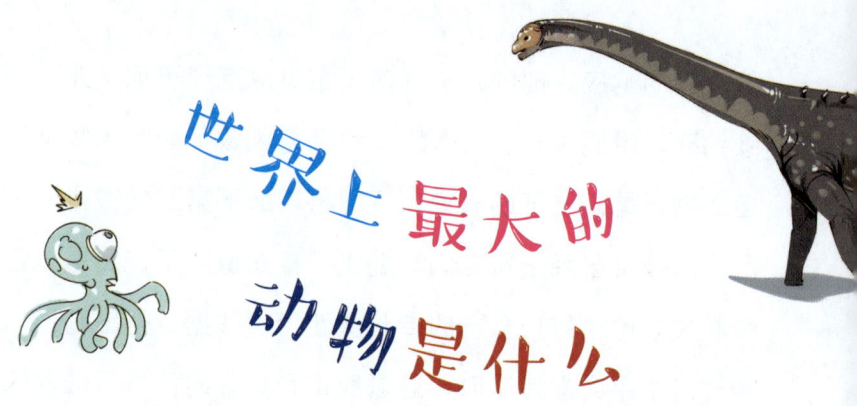

面对这个问题，孩子们的回答总是五花八门。最常见的答案也许是大象，我不确定有多少人会说是鲸。当然，孩子们不会把答案限制在当下世界中的生物，恐龙也一定是大热门。

能得出这些答案已经很了不起了，不过，问题比我们想象的要更复杂。人们在生物世界里探寻"世界之最"，一般都期望精准地找到某个物种。

简单地说，我们人类属于灵长类动物，但灵长类里有许多物种，人类只是其中之一。同样地，象属于长鼻类，现存的包括非洲象、亚洲象。几年前，科学家根据基因研究，证明非洲象还可以分为两类，非洲草原象和非洲森林象，后者体型较小，耳朵更圆些。

那么非洲草原象和亚洲象相比，谁的体重更胜一筹呢？这里还得明确个标准，比较的是成年公象最强壮时的体重，否则，拿公象与母象比，拿大象与小象比，那可要乱套了。

雄性非洲象的体重最大可超过 10 吨，最大的亚洲象则为 8 吨左右。非洲象是目前陆地上最大的动物。

如果把目光放到过去，非洲象就不算啥了，且不说它的体型会输给猛犸象，面对庞大的蜥脚类恐龙，更是小巫见大巫。恐龙现在都已经成了化石，我们没办法称出它们活着时的重量，但科学家可以根据骨骼的形态、肌肉可能生长的情况，结合现存爬行动物的情况来推测。

目前，基于完整化石骨架推测，最重的恐龙是 2014 年挖掘出来的一条泰坦巨龙，长 40 米，重 77 吨。不过，大部分恐龙都没有这么好的保存条件，通常恐龙化石会缺失骨架的一部分，如果允许它们也"参赛"，最大的恐龙是谁？阿根廷龙也能超过 70 吨，还有科学家估计，巨体龙和易碎双腔龙都能超过 100 吨。

陆地上的动物因为要支撑自己的重量，几乎不可能长得再大了，而水里的选手们就没有这样的"烦恼"。目前地球上最大的动物是蓝鲸，它们平均能长到 110 吨。蓝鲸的最大体重说法不一，因为在 20 世纪上半叶，很多捕鲸船上没有合适的设备与技术，对鲸类的测量很可能不准确，同行之间还可能因为互相攀比而夸大数据。但科学家普遍认为，在脂肪充足的情况下,最大的蓝鲸肯定能超过 180 吨。

除了重量,也有人会把尺寸看作是"大小"的衡量标准。身长才六七米的非洲象肯定"没戏"了,蜥脚龙类里最长的估计能达到 40 米,甚至 50 米,长 30 米左右的蓝鲸也只能"认输"。

但谁也想不到,动物里的长度冠军,是一种轻飘飘的生物——狮鬃水母。它的触手最长达到 37 米,如果向四周伸直,那将是直径超过 70 米的庞然大物。

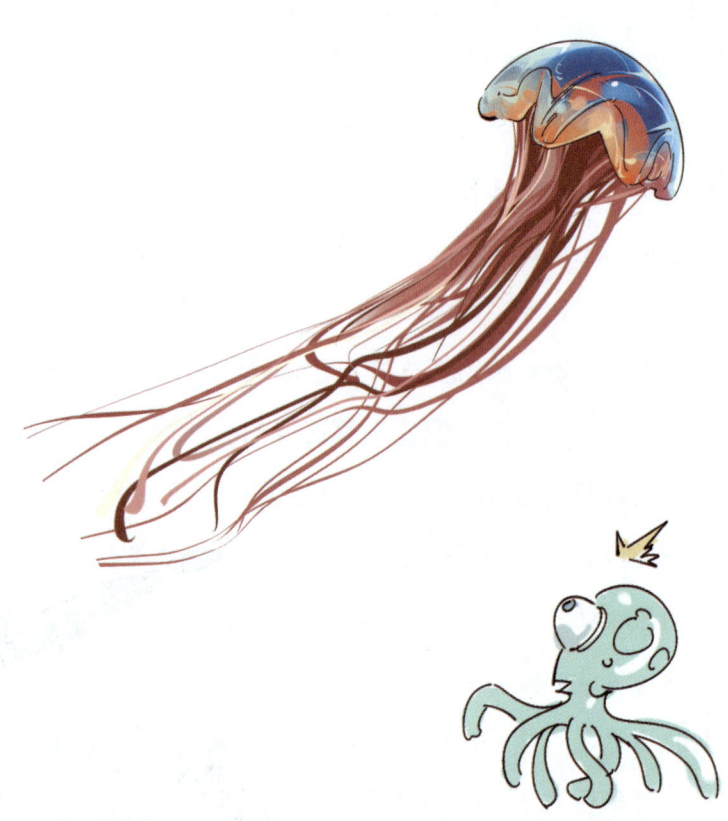

为什么有的树冬天不会掉叶子

有的树冬天不会掉叶子？还有这样的事？要我说，所有的树都会在冬天掉叶子。

你肯定要反驳我了吧：冬天有很多树依然长着绿叶，比如松树、柏树，还有冬青，听这名字，就知道它在冬天也是青绿色的，怎么能说树都会掉叶子呢？

没错，那些是常绿树种，但常绿并不意味着永远不掉叶子。实际上，它们的叶子就像我们的头发一样，掉了长，长了掉，只不过一年四季都在一点点地更新，不会像落叶树那样，一下子全掉光。

叶子对植物来说非常重要。我们通过吃饭补充能量，植物则靠叶子的光合作用来合成养分。叶子

上有一些非常小的洞，叫作气孔，光合作用需要的二氧化碳和产生的氧气，可以通过气孔进出。另外，水蒸气也会从气孔跑出来，拉动植物体内的水分都向上跑，也拉动了根部对水分的吸收。

但在冬季时，白天越来越短，植物光合作用的效率降低了，天气也更为干燥，就算留着叶子，也很难弥补植物养分和水分的流失。此外，叶子还可能在低温环境中被冻伤。

所以，在大自然的筛选下，有些植物通过落叶，在寒冷地区存活了下来。它们在冬天掉叶子后，进入类似休眠的状态，直到春天温度回升、白天变长，才开始长出新叶子。

有些植物则通过其他途径，适应了低温干旱的环境。比如，松树的叶子又长又尖，减少了蒸腾的面积，而且表皮和外面的角质层都比较厚，汁液富含糖分，不容易结冰。黄杨、女贞等的叶子没有那么尖细，但也有发达的角质层，还有厚厚的蜡，也能终年常绿。当然，它们对寒冷环境的适应能力没有松树等针叶树那么强，所以在真正严寒的北方，就看不见了。

这些常绿树种的叶子也会老化，需要不断更新，在树下可以很容易地找到它们的落叶。但它们的叶子寿命较长，冬青的叶子可以活1—3年，松树叶子可以活3—5年。

你也许会发现，种在道路两旁的同一种落叶树，有的叶子掉光了,有的却只掉了一些。这和植物的生物钟有关。

植物不像人类一样使用日历,判断冬天来临的最好标准,是太阳的光照长短,白天变短是主要的落叶信号。你也许会想,植物为什么不以温度为主要信号呢?也许曾经有过这样的落叶植物,但由于天气反复无常,它们未必能及时应对,因而在进化过程中渐渐被淘汰了。

知道了光照的重要性,想必聪明的你已经能猜出同种行道树落叶不同步的原因。有些长在路灯边的树,被更多的光照干扰了节律,不知道日照已经缩短,天气已经变冷,因此进入"落叶程序"慢了,甚至完全被路灯"欺骗"而不落叶。

防止误食毒蘑菇有什么好办法吗

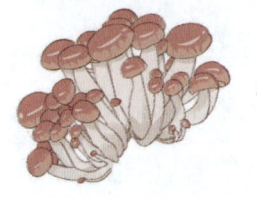

每年，总会有几条关于毒蘑菇的新闻，误食毒蘑菇的人会感到恶心头疼，有的还上吐下泻，最严重的甚至不幸离世。

而在现代都市中，大家在菜场、超市里购买的食用菌类，还是非常安全的。受害者所吃的毒蘑菇，往往是自己采摘的。过去，人们根据经验总结了一些辨别毒蘑菇的办法，其中最出名的判断方法就是"色彩鲜艳的蘑菇，很可能有毒"，你或许也听说过！

但千万注意，"色彩鲜艳的蘑菇可能有毒"绝对不意味着"外表朴素的蘑菇就没毒"。有一种剧毒菇叫"白毒伞"，听名字就知道，它没有什么艳丽的色彩或斑纹，一身灰白。

还有人说，如果菇类长在阴暗、潮湿、肮脏的地方，就往往有毒。这更莫名其妙了，不能进行光合作用的菇类天生喜欢长在"阴暗、潮湿"的地方，是否"肮脏"也和毒性没有必然的联系。

有种说法听上去"靠谱"些：虫子不会吃毒蘑菇，被虫子吃过的蘑菇就是没毒的。靠虫子来"试吃"似乎是个好办法，但我们和虫子的差别太大了，会毒死虫子的东西对我们来说未必有毒，比如许多安全性较高的农药；而虫子能吃的，我们也不能真的就放心地吞下肚。

总之，并没有真正简单的口诀帮助我们分辨毒蘑菇和无毒蘑菇，毕竟大型真菌有 14 000 种左右，不是真正的专家就别轻易尝试自行分辨了。不吃野生菌类，才是最安全的办法。

也许你会有些失望：为什么菌类里会有些带毒的"陷阱"阻碍"吃货"的脚步？显然，这正是它们的自我保护机制。有毒的蘑菇往往长得比较慢，如果没有毒素，它们很可能还没来得及完成繁衍后代的使命，就被吃掉了。

为什么猎豹长斑点，老虎长条纹

世界上有许多动物的皮毛呈现出特殊的花纹，有的是斑点，有的是条纹。目前，科学家对条纹的作用争议仍然很大。例如，斑马的条纹除了伪装自己外，还可帮助识别同类，干扰叮咬斑马的采采蝇，甚至与降低体温都有关系。

当然，不管动物皮毛上的花纹的实际作用究竟有多少，我们还是可以很有把握地说，这是自然选择的结果。但有一个问题似乎更难回答，都是大型食肉动物，为什么老虎长条纹，而猎豹却长着斑点呢？

这个问题确实很有趣,不仅吸引了生物学家的目光,还引来一位数学大牛的关注。计算机之父图灵在1952年提出了一个假说,来解释生物身上花纹的形成。

图灵猜想生物体中有两种物质成对作用,一种激发色素细胞的活性,另一种抑制色素细胞的活性,便能使生物身上产生纹路。20世纪60年代,生物学家才在研究小鼠上腭脊纹时,发现了与脊纹形成相关的激活—抑制物质,这一发现证实了图灵的猜想。

生物体的发育是个精细微妙的过程,光知道基本的激活—抑制原理还不足以解释实际现象。时间在其中所起的作用同样重要。

生物学家发现,老虎的黑色素形成较早,在胚胎还比较细长时就出现了,有些黑斑连在一起,就成了条纹状。而猎豹的黑色素形成较晚,黑斑已经不可能连在一起,仍旧是一个个斑点。只有一个例外——猎豹的尾巴上仍旧是一圈圈的条纹,这是因为尾巴始终是细长的,黑斑自然就像老虎身上那样连起来了。

时间上的小变化居然能引发这么大的差别,生命可真是神奇!

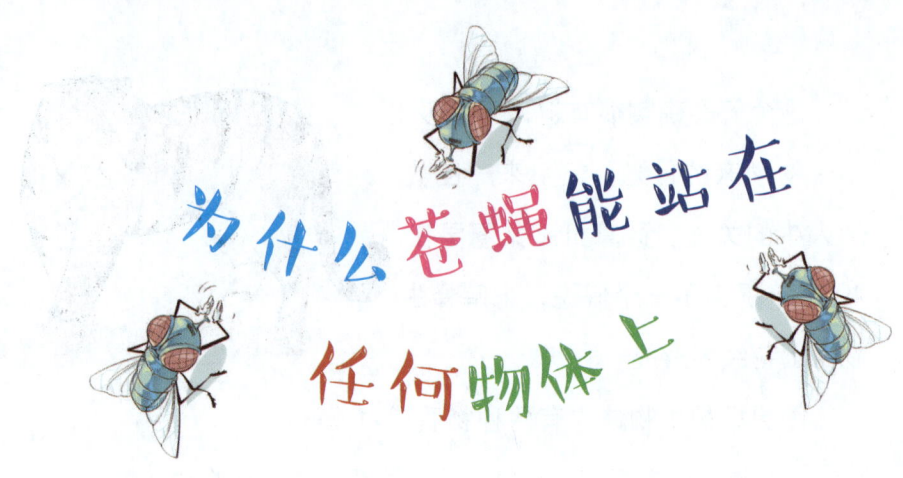

为什么苍蝇能站在任何物体上

昆虫虽然长得小，但本领却很大，比如大力士蚂蚁、跳高冠军跳蚤。当然，现在绝大部分中国人都享受着良好的卫生条件，小朋友甚至从没见过跳蚤。可同样令人讨厌的苍蝇还经常围着我们嗡嗡飞，速度很快，对我们的动作又极为敏感，不容易打到；更可气的是，它们还能停在任何地方，甚至包括光滑的玻璃上，还可以是倒挂着的！

苍蝇经常用两只前脚在自己身上擦来擦去，当它停在玻璃上那样做时，简直就像是炫耀："看，我只用四只脚就能站在玻璃上，你们人类用上四肢行不行？"

真的不能小看这飞檐走壁的本领，人类对于爬玻璃并没有什么好办法，那些徒手爬楼的高手，其实只是借助玻璃外框和各种凸起发力,而不是直接爬玻璃。即使是虚构的蜘蛛侠,也得靠蛛丝吊着,才能在装满玻璃的大楼间穿梭。因为现实生活中,蜘蛛也不能在玻璃上行走。

在其他电影里,主角得借助特殊的吸盘手套,才能攀爬玻璃幕墙。这一灵感的来源也许正是苍蝇。

一般的昆虫只长了小爪子,只能在粗糙的表面上行走,最多也就是倒吊在天花板上。可苍蝇的每只脚底上都有两个被称为爪垫盘的小吸盘,提供了强大的吸附力。很多人以为,爪垫盘就像我们用的挂钩一样,完全靠气压差固定在墙上,但事实并非如此。德国普朗克研究所的科学家发现,苍蝇爪上的茸毛还会分泌出一种脂质液体,帮助自身粘附在各种物体的表面上。

当苍蝇要重新起飞时,则会推挤、转动并剥离爪垫盘。这启发科学家发明了能够爬玻璃墙的机器人。它用毛茸茸的黏性材料模拟苍蝇的脚,用剥离的动作脱离表面。

科学家还研究了其他300多种能够爬墙的昆虫,发现它们都会在玻璃上留下带黏性的足迹。不过,我又产生了新的疑问:在自然界中几乎找不到人造玻璃这么光滑的表面,苍蝇和其他300多种爬墙高手,为何会进化出如此特殊的脚爪

呢?或许是因为要站在雨后的叶片上?可其他昆虫也会遭遇这样的场景,却并未进化出类似的脚爪。是为了逃离猪笼草危险的陷阱边缘?我好像也没听说过苍蝇遇上猪笼草后生还的例子。是为了停在滑腻的腐肉上?但它的光滑程度真能与玻璃相比吗?

科学问题总是像这样层出不穷,也许有一天,聪明的你能告诉我答案。

电磁奥妙

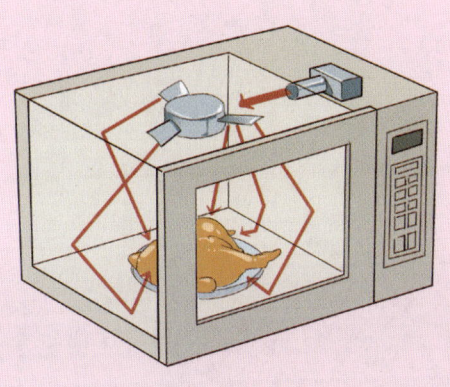

那些和汽车有关的雷达，都是怎么工作的

现在越来越多的汽车进入了寻常百姓家，和它们一同来到我们身边的还有个听起来非常"高大上"的装置——雷达。当我们停车时，需要泊车雷达；当我们在路上开车时，会遇到测速雷达。这些雷达是怎么工作的？它们的原理是一回事吗？

雷达的原理并不复杂，都是利用波遇到物体会反射的特性。许多雷达借助电磁波，而泊车雷达则靠超声波。

汽车上的超声波传感器既可以发送超声波，也可以接收被障碍物反射回来的超声波，根据从发送信号到接收信号的时间差，以及声波传播的速度，雷达就能算出汽车与障碍物之间的距离。如果距离太近，低于设定的某个值，便会触发警报。

人们在提起电磁波雷达时，往往会说这是模仿蝙蝠的仿生学成果，其实泊车雷达的原理倒是与蝙蝠更为相似。至于电磁波雷达，未必真的与蝙蝠有关。早在 19 世纪末，俄罗斯海军的物理学家亚历山大·波波夫发现，如果在电磁波通信

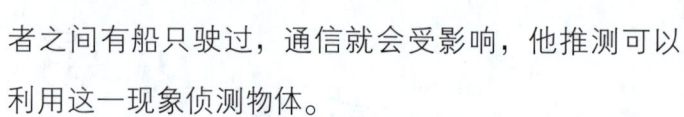

者之间有船只驶过，通信就会受影响，他推测可以利用这一现象侦测物体。

测速雷达则稍微复杂些，测速时需应用"多普勒效应"。多普勒是一位奥地利科学家，他发现火车进站和离站时，在站台上听到的汽笛声并不一样。通过研究他发现，这是因为当火车进站时，声源离站台越来越近，声波就被压缩；火车离站时，正好相反，声波被拉长。而且，火车速度越快，声波就被压缩或拉长得越厉害。反过来，通过分析声音波长或频率的变化，就能得出火车的速度。

不过，各种汽车的鸣笛声都不一样，当它们一起奔驰时，谁知道这些声波改变了多少呢？

既然无法直接探测汽车本身的声音，我们可以让雷达主动发信号。现在常用的测速雷达，能发出几百万赫兹的微波信号，电磁波到达汽车处后，就会被反射回雷达，由于汽车

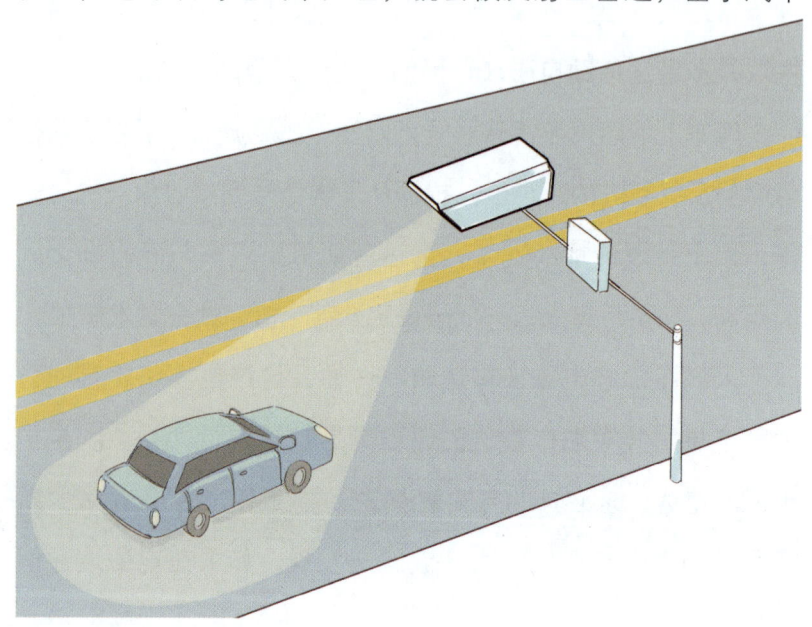

在运动，反射波也会出现被压缩或拉长的变化，雷达分析信号之后就能得出汽车运行的速度。

有些人为了躲避测速雷达而安装了"电子狗"。"电子狗"是怎么探测到雷达的呢？测速雷达所用的电磁波频率都是公开的，电子狗专门监测这些频率的电磁波，一旦发现就会提醒司机。

警方当然有先进的装备来对付"电子狗"。测速雷达的电磁波照射范围比较大，容易被电子狗发现，可激光测速仪就不同了。激光测速仪的原理是，对汽车进行两次激光测距，根据两次测距的时间间隔内汽车的行驶距离，算出汽车的速度。由于激光照射的范围很小，激光测速仪很难被电子狗提前探测到。

还有一种测速设备叫作地感线圈，其实就是埋在地下的振荡电路。汽车这样的大件金属物体通过路面时会影响地下的电路，根据电路受影响的时长，我们便可以推算出汽车的速度。

话说回来，不管"电子狗"有没有用，开车最重要的就是安全，抱有侥幸心理，可不是对自己、对他人负责任的做法哟！

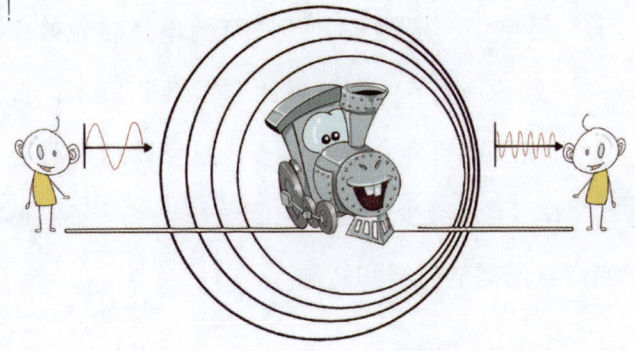

为什么要推广使用 LED 灯

近几年，LED 灯的发展非常迅猛，不知不觉就占据了灯具市场的半壁江山。在各种玩具和小商品的灯光装饰方面，LED 灯更是成了绝对的主流。

从最直观的角度来说，LED 灯珠的优点是体积小、安装方便，可以在各种玩具、小设备上发挥作用，甚至自由组合成各种亮光图样。

当然，人们推广 LED 灯不仅仅是为了好看，它最大的优点就是节能。LED 灯与白炽灯、普通节能灯的发光原理不同，它们的工作电压、电流、发热情况大相径庭。一般来说，LED 灯的电光转化效率可接近 60%，节约的能量比白炽灯多 95%。此外，LED 灯的寿命要长得多，这能降低灯具更换频率，不仅减少了维护的麻烦，也省下了制造额外的灯具所需的材料和能源。

可 LED 灯也不是十全十美的，过去它的价格比较昂贵，最初可供选择的颜色很有限。它还曾面临显色能力弱于白炽灯的问题。也就是说，被 LED 灯光照射的物体，不一定能呈现出自然光下的"真实"色彩，LED 灯不适合用于阅读照明。大功率 LED 灯的效率低，有人因此怀疑 LED 灯的实用性。

但出乎很多人的意料，科学家和工程师在 20 多年里不断突破技术瓶颈，逐步解决了这些问题。首先，在光源的颜色方面连续取得进展。现在，色彩丰富可调甚至已经成了 LED 灯的一大优势。其次，功率的增强则使它适用于汽车照明等特殊场合。大型 LED 显示屏更是在商场随处可见。光谱分布合理、适合阅读照明的 LED 灯也已进入普通家庭，价格仅比普通灯具稍贵些而已。

LED 灯的前景一片光明，甚至已经动摇了很多传统灯具的市场地位。由此可见，面对新技术，保持想象力和开放的态度还是很有必要的。

加油站禁止使用手机有道理吗

我们的生活或许已经离不开手机了，可关于手机的谣言也一直甚嚣尘上。其中一条就是，在加油站使用手机会引起爆炸。有些故事还绘声绘色地说，手机来电话时会产生细微的火花，引爆空气中的油气，某地车主在加油时，只是因为手机响铃，就引发了大爆炸……

然而，专家调查了各地加油站的火灾爆炸事故，发现没有一例是由于使用手机引起的，根本不存在"由于使用手机而引发加油站火灾和爆炸的事件"。美国电子电气工程师协会、美国无线通信工业协会和美国石油学会都曾公开辟谣。

科普电视节目《流言终结者》的实验人员曾把手机放在灌满了油气的爆炸室里，拨打电话后，那只手机响了很久却依然纹丝不动，根本没有被引爆。

看来，是我们错怪手机了？但也存在一些特殊情况。比如，手机落地时可能会砸出火花，虽然这种情况非常罕见，一

旦发生确实会有危险。

还有一种可能性是，掏手机时，它的塑料外壳与化纤衣物摩擦，产生的静电是加油站的大敌。许多加油站事故的罪魁祸首就是静电，加油站不许给塑料桶加油，也是基于这个原因。

汽车在行驶过程中，会与空气摩擦，产生静电。秋冬季节，我们的衣物与座椅套等摩擦，也可能产生静电。

我们很容易带上静电，可地面不带电，如果我们与大地间的电势差足够大，就会发生放电现象，产生电火花。如果中间有绝缘体的话，当然能在一定程度上阻止放电现象，但如果电势差足够大或绝缘体很薄，放电仍然会发生。汽车的轮胎还是挺厚的，但我们的鞋底就比较薄了。因此，有些加油站的事故是由于人们下车时身上带的静电导致的。

有什么办法避免静电呢？一方面是减少使用容易起静电的化纤面料，另一方面可以在车上安装静电放电器。

回过头来再看看手机，应该说，掏手机所产生的这点静电太少了，不会导致严重后果。想想也是，如果连手机都要严防死守，那么兜里类似塑料壳的东西就更不能放过了，比如一盒口香糖、一个名片夹……

微波炉真的会危害健康吗

微波炉使用方便，功能强大，早已进入了千家万户。但近几年冒出了种种传言，声称微波炉加热的食物会致癌，或破坏营养成分等。这些传言靠谱吗？我们还是先看看微波炉的加热原理吧。

你也许听说过，微波能使水分子振动，产生热量，从而加热食物。这种说法完全正确，但一些广为流传的细节却有不少问题。

比如，有人认为微波炉发出的微波，其频率与水分子固有振动频率相当，水分子产生共振，振动得十分剧烈。然而，事实上微波炉微波的频率与水分子的固有振动频率差得很远，根本不可能产生共振。微波炉微波的频率也不是水分子最容易吸收的频率。如果真是那样的话，微波炉将只加热食物表层，造成里面还是冷的，而表面却加热过度的情况。

明白了微波炉的原理，我们就知道它的加热方式其实比油炸、爆炒都要温和得多。如果硬要与传统方法类比的话，它可能更类似于清蒸吧——两者都是靠水分子传递热量的，只不过前者靠食物内部的水分子，后者靠外面的水分子。

当然，除了加热效应，微波还可能有"非热效应"，目前学术界对此仍有争论。微波本身的能量很低，远远小于改变分子内部化学键所需要的能量，但利用微波进行化学反应，有时会起到独特的效果。即便如此，大部分科学家仍认为日常的微波使用是无害的。一个最简单的事实是，人们至今没有找到微波炉加工食物产生致癌物的直接证据。如果在日常使用中微波都能导致有害物质的生成，或者明显破坏食物中的某种营养物质，那么在实验室条件下这些都很容易被验证，也就不会有什么"争论"了。

你也许会担心：就算微波的"非热效应"仍有争议，微波从微波炉的玻璃门传出来，其热效应还是会影响人体吧？既然微波能把食物加热，直接照射人体当然会有影响。但实际情况是，微波是在微波炉里反复反射加热食物的，微波炉也有屏蔽微波的设计，散出来的微波几乎可以忽略不计。

这种精巧的设计究竟是怎样的呢？请你凑近微波炉仔细看看玻璃门，就会发现上面覆盖着一层蜂窝形的金属网，它能起到电磁屏蔽的效果，阻止微波向外泄漏。

还有人担心微波炉加热食物时，会"熔化"塑料容器。

这也是多虑了，只要按照规定使用合格的容器就没有什么问题。

目前常见的能用于微波炉加热的塑料是聚丙烯。一般而言，大部分高分子材料人体都难以消化，即便吃进去也只能"穿肠而过"，因此本身对人体没有多大毒性，但残余的单个分子和添加剂却很可能有毒。而聚丙烯的一个重要特性就是生产过程中不需要放什么添加剂，因为即便加了也不会明显提高性能，没有人会去做无用功。

现在便利店出售的盒饭，也经常直接被放进微波炉加热。但与聚丙烯饭盒不同，有些盒盖会软化、甚至"熔化"。这些盒盖的材料一般是聚苯乙烯或聚对苯二甲酸乙二酯，不耐高温，有可能释放出 2B 类致癌物。

所谓 2B 类致癌物就是指对人可能致癌，但在动物和人群研究中证据不足的物质，甚至连咖啡都一度被归为 2B 类致癌物，直至 2016 年 6 月才"脱身"。不过，即便盒盖被加热了，释放的有害物质的量也很少，沾到食物上的就更少了，偶尔吃一次，也不必太紧张。当然，最好还是按规定，把盒盖取下后再加热盒饭。

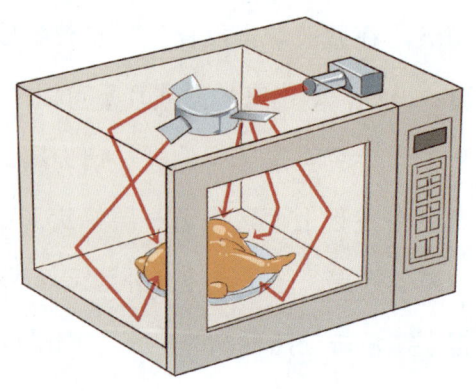

手机信号和Wi-Fi信号是怎么穿透墙壁的

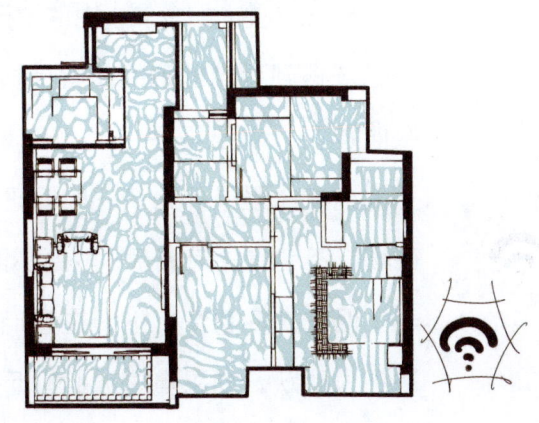

现在许多人几乎一刻都离不开手机,早上一睁眼,第一件事就是刷朋友圈。可你有没有想过:为什么我们在室内也能接收到手机信号?为什么路由器装在别的房间,隔着墙的我们照样能连上网?

也许你会说,因为手机信号和Wi-Fi信号都是微波,波自身就具备绕过障碍物的本领,也就是衍射作用。但可见光也是波,怎么就没法绕过墙呢?

因为波能够绕过什么障碍物,取决于它的波长相对于障碍物的大小。可见光的波长太短了,衍射的本领有限,要它绕到墙背后,实在无能为力。

衍射现象已经够神奇了,但微波的传播还有更特别的途径!它不仅会绕墙走,有一部分竟能够穿过墙壁!这又是可见光做不到的。

这种"穿墙术"究竟是怎么回事？电磁波，顾名思义和电场与磁场有关，本质上就是在空间中传播的互相转换的电场和磁场。当电磁波照射到物体上时，难免要和物体里的电子打交道，召唤（也就是"感应"）出相应的电场和磁场继续传播。

有些物质（如金属）中的电子很活跃，甚至能四处乱跑，电磁波遇到金属的瞬间正常传播就被打断，一般都被反射或吸收了。

绝缘体里是什么情况呢？理想情况下，绝缘体和电场、磁场都不会有任何关系，电磁波谁也遇不到，就干脆径直穿过。

但在大多数情况下，在我们所称的绝缘体内部，电子只是不太活跃，如果电磁波给它足够的能量，也能变活跃（克服"能带间隙"发生跃迁），电磁波则被吸收，很可能穿不过去了。

另外，电磁波在穿过一般的物体时，物体内部也会产生微小的电流，造成损耗。电磁波频率越高，能量也越高，形成的电流和造成的损耗也就

更大,还没穿过物体,就都耗尽了。

在常见的各种电磁波中,微波的能量是比较低的,相对来说照射物体时被吸收的比例更低、电流损耗也更少,更有可能穿过墙体。

墙的实际情况复杂得多,砖墙、石墙、木板墙、水泥墙不能一概而论,如果考虑电磁波在多层材料之间的传播和衰减过程、钢筋的放置情况等,分析的难度就更大了。

别急,我们还有最后一招——科学家早就设计出尽量排除衍射影响的实验环境,想知道到底有多少电磁波穿墙而过,直接测量就行啦!

当然,微波的穿透能力毕竟还是有限的,当我们在地下,或者待在几乎完全由金属组成的电梯里,指望微波自己穿透障碍物,还要有比较好的信号,实在是太勉为其难了。增强微波信号最简单有效的办法就是安装中继器,接力传输。现在中继器可以做得很小,甚至只有火柴盒那么大,安装起来很方便。

一般而言,安装中继器会考虑使增强后的Wi-Fi信号优先覆盖站台的公共座椅区、列车中部候车区等,那

里的 Wi-Fi 信号就会比较好。由于地铁内部有大量的柱子、楼梯等，角落位置的信号就会差些——衍射也不是万能的嘛。此外，列车启动、停止时，也可能干扰 Wi-Fi 信号。

技术的发展往往落后于社会的实际需求。例如，人们越来越习惯于在手机上看视频，但连上地铁 Wi-Fi 看视频的效果可能很难让你满意。2016 年，上海地铁 Wi-Fi 可供每列地铁每秒接入 1200 人，这已经是很了不起的成就，可如果许多人都在看视频，显然大家的设备上所播放的视频还是都会卡住。一方面，新的需求确实有助于推动技术进步；但另一方面，在这样的便民公共 Wi-Fi 上，我们还是适当控制下自己的需求为好。

手机的安全标准是怎么制定的

也许你听过无数次这样的劝告：睡觉时要关掉手机，不要把手机放床头；接电话时尽量用耳机，不要把手机放在脑袋边上……人们之所以这样劝诫，是因为有一种说法广为流传：手机据称有辐射，会影响健康。那么，手机辐射真的这么可怕吗？

首先我们要明白，手机通信使用的是一种叫作微波的电磁波，另外，和所有电器一样，只要有变化的电流通过，手机就会产生电磁波。不管是通信用的，还是手机工作时产生的电磁波，它们的能量都很低，不会直接影响组成我们身体的分

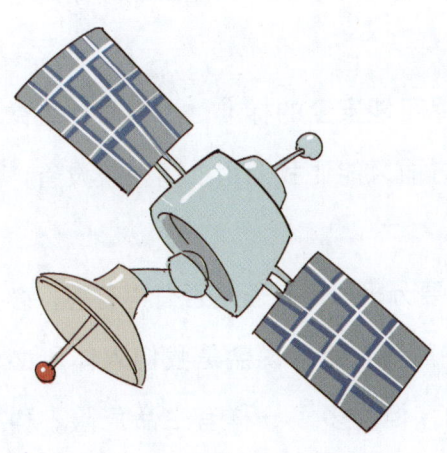

子。虽然电磁辐射与核辐射一样，都被扣上了"辐射"的帽子，但它们完全是两回事。

也许一听到微波，你马上就想到了微波炉。在我们的印象里，微波能煮东西，如果直接照射在人身上，似乎是挺可怕的。

事实上，微波并不只有一种，人们把一定频率范围内的电磁波都叫作微波，就像可见光，我们都知道从阳光中可以分出赤、橙、黄、绿、青、蓝、紫7种单色光，而不是只有一种光。类似地，手机用的微波与微波炉用的微波当然也不是同一种啦！

不过，科学家是非常严谨的，他们还在思索，除了加热效应，微波会不会通过别的途径影响人体呢？这类影响被称为"非热效应"，然而，学术界对微波的"非热效应"仍有争论。

科学的发展永远都伴随着争论。如果我们非得等到所有争论都了结，那恐怕什么科技都用不上，只能回到原始森林里了。

所以我们要设定一个尽可能安全的标准，一方面杜绝微波伤害人体的隐患，另一方面又能让我们用上高科技设备，好好享受一番。

要分析一个东西是否有毒有害，必须讲剂量。比如说盐是我们人体所必需的，但吃多了一样有生命危险。科

学家的争论往往聚焦在达到什么剂量时才对人体有害这个点上，这个临界点确实不好找，不过，要确定一个安全的剂量标准还是比较容易的，通过大量实验就可以得到。

这还只是第一步。为了保险起见，制定标准的部门会再把这个数值大幅度地往下调，甚至把允许的剂量缩小到原来的几分之一。

所以现在的电器产品，只要是合格、没有损坏的，在电磁辐射方面都足以保证安全性，我们大可以放心使用。

至于基站等基础通信设施，也是根据类似的原则，规定了与住宅区的安全距离。那是居民长期接受基站辐射时，几乎"绝对"安全的距离，并不意味着在这个距离内健康就会受损。如果我们偶尔走进这个范围内，根本不用担惊受怕。

各种各样的"辐射"只是常见的谣言主角之一。下次再有人对生活中常见的东西谈虎色变，或"好心"劝告你注意这个、当心那个时，不妨问问他安全剂量是多少。

为什么天是蓝的

画画时,如果要选一种颜色涂天空,你会选什么?我们可以画上一片橙红色,那是夕阳西下时的天空;也可以涂上灰色,那便是密布的乌云;但大多数人也许会不假思索地用上天蓝色。"天蓝色"这名字本身就已经很能说明问题了,确实在大部分时候,天空是蓝色的。

我们能看见东西,是因为我们能感受到光。天空呈现蓝色,显然是因为蓝色光线进入了我们的眼睛。

白天户外的光线绝大部分都来自太阳,太阳光是白色的,可以分解为赤、橙、黄、绿、青、蓝、紫等可见光,还有人类看不见的红外线、

紫外线等。树叶反射绿光，我们就看见绿色，草莓反射红光，我们就看见红色。

按这个思路，天空反射了蓝光，所以我们就能看见蓝色。可你也许会问，空空荡荡的天空里，有什么东西能反射蓝光呢？

恭喜你问到了关键点。空气和绿叶、草莓这样的物体不同，大气分子四处飘散，当某些光线遇到它们时，会发生被称为"瑞利散射"的现象。光线"命中"分子后，并不是简单地反射，而是向各个方向散开。

蓝紫色光的散射作用比较强，红黄色光的散射作用则比较弱，这样一来，蓝色的光被散射到四面八方，因此整个天空都弥散着蓝色的光。

下次再看关于外太空的纪录片、科幻片时，可以留心下那里是不是会有蓝色的天空。由于没有空气，没有瑞利散射现象，那里的天空都是漆黑一片的，只有发光的星星、太阳挂在黑色的背景中。

那么凌晨、傍晚时分的天空为什么会是橙色、红色的呢？因为太阳光斜斜地照射过来，比起中午时分，在大气层中穿过了更长的距离，蓝色光散射得太多了，我们能感受到的主要是"脱颖而出"的红色光、黄色光。

当然，空气中除了气体分子，还存在着各种颗粒，比如灰尘、水滴等，光线遇到它们会形成"米散射"的现象。与瑞利散射不同，米散射对各色光都有一定的作用，而且散射的光线大部分会继续向前传播，因此在米散射作用较强时，天空会呈现灰白色。

天空颜色是米散射和瑞利散射共同作用的结果，我们能解答这个问题，真得好好感谢瑞利和米这两位科学家。

为什么我们总是来不及拍下日落的照片

快看,太阳就要落山了!可不能光顾着自己大饱眼福,赶紧拿起相机、手机把这壮丽的景象拍下来吧,还要发到朋友圈里,和大家分享呢!

哎,这张图里的太阳似乎露得太多了。好,这张图里的太阳又落下去些了,但觉得还是太亮,再来两张试试……啊,太阳已经落下去了。即便等了这么久,还是没有抓拍到日落的瞬间,真是遗憾。

希望你没有因为忙于摆弄相机,而错过景色;当然,也别全程盯着落日,那对眼睛可不好。只要你真正享受了日落的美景,那就没有什么可遗憾的。最重要的是——其实根本不存在什么"日落"啊!

日落只是表象,古人据此认为太阳绕着地

球转。但越来越多的观测结果与当时的理论不符,"地心说"只能不断打补丁。最终,科学家通过观测、计算和推导,推翻了"地心说"。地球不仅绕太阳公转产生四季变化,还会自转,在太阳的照射下产生昼夜变化。

因此,所谓的"日落"其实就是"地落"。想象一下,我们坐在摇椅上,正前方放个球作为"太阳",当我们向后摇动时,视线向上划过天空,相应地,在我们的视野中,球便像太阳落山那样"掉"下去了。

不仅"日落"不存在,日落的"瞬间"也没有标准答案。光速虽然有每秒30万千米,但因为太阳与地球距离遥远,太阳发出的光要跑8分钟才能照进你的相机里。你所认为的"瞬间",对太阳来说已经是8分钟前的事了。

其实只要应用连拍技术或者摄像技术,我们根本不可能错过日落。但我们确实很难拍到太阳完全消失前的最后那一小块光斑,因为即使在下山前,太阳往往仍然很亮,周围的背景则较暗,相机自动对焦对不准,或对光线的自动补偿失真,都可能使得这一小块光斑在照片中变大。不信的话,试试在昏暗的房间里拍摄蜡烛的火焰,或者旧灯泡里黯淡的钨丝,如果没有好装备、好技术,这看似简单的任务,恐怕也不容易完成哟!

绚丽的极光是怎样产生的

极光可以说是世界上最美丽的景观之一，它看上去缥缈曼妙，发出红色、绿色或蓝色的亮光。你也许会把彩虹比作彩带，那么极光就是在空中飘舞的彩纱。

要创作如此宏大神奇的"艺术品"，确实得依靠超乎我们想象的力量——太阳和地球。

太阳表面也有"风暴"，当风暴形成时，就会向外吹出"太

阳风",里面含有大量带电粒子。地球的磁场可以保护我们免受太阳风的直接轰击,有些带电粒子受地磁影响偏转飞走了,有些则向地磁的两极集中。射向两极的带电粒子会与大气层接触,如果碰撞了氧原子就发出红光和绿光,碰撞了氮原子则发出蓝光。这就是极光的由来。

当然,这只是简单描述,具体的电磁过程比较复杂。直到2007年科学家发射了5颗西密斯卫星,专门用于研究这一问题,才真正搞明白其中的细节。

知道了极光产生的原理,你便明白为什么在自己家乡几乎不可能看到极光了,因为离地磁极实在太远。就算是中国最北面的漠河,也只是勉强处于弱极光区内。如果你不是每晚守着,就算在漠河住上10年、20年,都有可能没见过极光。

但中国古代的历史典籍里确实记载了极光,西方一些低纬度地区也有极光的记载。这又是怎么回事呢?

原来太阳风不是一成不变的,当太阳风变强时,地球上能看见极光的范围也会变大。或许你也能等到那么一天哟!

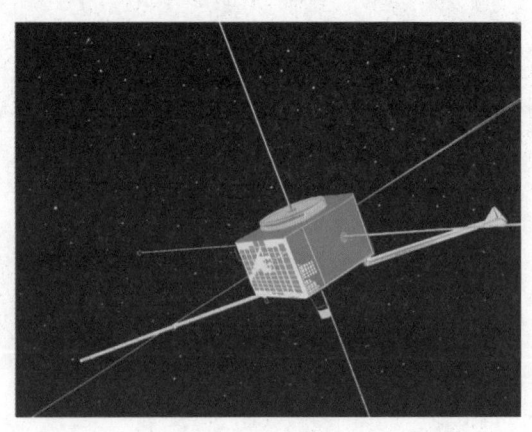

日常之思

镜子里的像真的不会上下颠倒吗

镜子里的"我们"最调皮了,当你伸出左手时,他偏要伸右手,总是和我们反着来。许多人觉得,这是因为镜子里的像左右颠倒了。

可镜子里的像并不会上下颠倒。当你抬头时,镜子里的像也跟着抬头,他没有往下看,更不可能呈现头朝下脚朝上的倒立姿势。

明明是平整的、看上去每一处都差不多的镜子,怎么会在纵向横向上表现不一样呢?其中一定有奥妙,而且一定不会是镜子的问题,对不对?

问题确实出在我们自己身上。我们的大脑习惯处理其他人的形象,因此总把镜子里的像当作一个站在对面的"人",重新赋予他"左""右"的概念。

不仅如此,当我们将自己与镜子里的像比较时,脑海中的自己也没有保持相同的方向,事实上我们会想象自己转过

身去，脸的朝向和镜中人相同。换句话说，我们先把脑海中的自己翻了个面，然后再去和镜子里的像比，才得出了左右颠倒的结论。

答案呼之欲出。既然是我们自己先在脑海里把自己翻转了一次，那就说明镜子里的像压根没有左右颠倒！

我们身体的左侧部分，看上去成了镜中人的右侧，但形态还是和我们的左侧一模一样。我们左脸上的美人痣、左手上的手表投射到镜子中后，从我们照镜子的视角看，都仍在左侧。

当你一点一点靠近镜子，直到鼻尖贴上它，有没有觉得镜子里的人仿佛是你在穿过镜子时留在上面的影像？恭喜，你接近真相了。

想象我们继续往前走，穿过镜子来到镜子后面，此时再将自己与镜中人比较，就能发现，镜子里的像真正颠倒的是"前"与"后"。

当然，这只是平面镜的情况，改变镜子的形状，就有可能让镜中人上下左右都颠倒。

验证起来其实很简单，在厨房里你都能找到这样的"镜子"，快去拿把金属汤匙来吧！当我们把手伸直，让汤匙的凹面对着自己，就能发现里面有个上下颠倒的像。这时我们再摸摸脸，是不是能看到汤匙里的像摸了另一边？左右果然也颠倒了。

汤匙的凹面其实就是一个凹面镜。它的成像规律比较复杂,简单地说,在凹面镜一定距离外的物体所成的像上下左右都颠倒了。如果物体与凹面镜的距离缩短到一定程度,则又会形成另一种截然不同的正立放大的像。

不信的话,请你把汤匙拉近到眼睛前,摸一下你的上眼皮,里面的像是不是也摸了同一侧的上眼皮,不再颠倒了?

不过这个像很模糊,若是仔细看你会看得很累,验证完就赶紧让眼睛休息下吧!

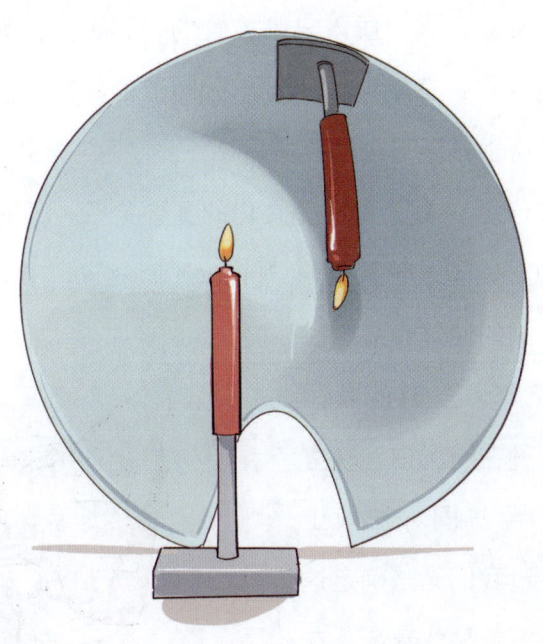

薯条源自哪个国家

西式食品已是中国人日常饮食的一部分。比如，早上赶时间买的汉堡、三明治，朋友小聚时点的披萨、意面，还有西式快餐店里必不可少的薯条！

薯条已经成为美国快餐文化的重要象征，但它的起源地并非美国。美国人管薯条叫"French fries"，字面上的意思就是"法国的油炸食品"。

1802年，当时的美国总统杰斐逊在一场白宫晚宴上要求"用法国方法做土豆"。不过我们无法确定这款法式土豆就是炸薯条。在他1801年到1809年间的一份手稿上，有一条注释，明确提到了"将生的小薯片

油炸"。几乎可以确信，这种烹饪方法来自他的法国厨师。

几十年后，"法式炸土豆"一词才正式出现在英语书面记录中。1856年的一本烹饪书详细记载了煎薯片的制作步骤。但现在已很难考证，真正的油炸薯条是在何时、何地起源的。法国人坚信，1789年大革命前夕，巴黎塞纳河边的小贩发明了薯条。

有些美国人不太甘心把薯条的起源追溯到法国，认为"French"一词在英语里也有切片的意思。20世纪初，"French fries"确实曾用在炸洋葱圈或炸鸡上，似乎真的仅仅指一种切条的做法而已。然而，凭这点"证据"是没法否认法国人与炸薯条的关系的。据考证，"French fries"用于指代油炸食品，恰恰是从法式炸土豆开始的。

但法国人也别高兴得太早，在薯条起源问题上，美国人只是简单的对手，真正的"宿敌"是邻居比利时人。

比利时人认为，法国在烹饪方面的话语霸权，以及两国语言的部分相似性，使其得以"侵吞"比利时的发明。有些比利时人宣称，早在17世纪末或者18世纪初，当地农民就已经发明了炸土豆。他们因为冬天时河面封冻无法捕鱼，就把土豆切成小鱼的样子，炸了当鱼吃……然而，当时土豆还没有被作为食物推广开来，农民也不大可能把金贵的油脂用来炸土豆。

另一个与薯条有关的故事发生在第一次世界大战时期。美国士兵来到比利时作战，当地百姓经常给他们提供炸薯条。

由于普通美国大兵地理知识匮乏，而且当时比利时军队的官方语言是法语，所以很多人以为自己在法国！加上英语里已经有用"French fries"指称一些油炸食品的说法，他们就顺理成章地把这个词应用到了炸薯条上。

这个说法似乎有点道理，但也存在疑点。目前，我们无法确定当时美国人使用"French fries"时，是仅指炸薯片，还是已经包括了炸薯条。

看来，关于炸薯条起源的争论还会持续下去。众所周知，炸薯条是高脂肪、高热量的食物，我们可得好好管住自己的嘴，毕竟目前还无法找到发明人来对它的"泛滥"负责啊！

"蜜月"这个说法是怎么来的

不管你有没有结过婚,应该都听说过"蜜月"这个词吧!新人结婚后,一般会请一周到十几天的假期,外出旅游,而且有的人会跑得远远的,比如去欧洲或马尔代夫。

"蜜月"这个词确实很恰当,一听就充满了甜蜜幸福的感觉。可这么妙的词是谁发明的呢?

也许是英国人?毕竟,现代的蜜月起源于19世纪初的英国。当时的上流人士会在新婚时享受假日,来一趟"结婚旅行"。但他们的目的是去拜访未能出席婚礼的家族成员,有时还有其他亲友作伴。这一习俗很快就传播到了欧洲大陆,法国人把它称为"英式旅行"。

19世纪末期,更接近现代形式的蜜月旅行出现了,新人不再承担走亲访友的任务,因而能完全享受两人世界。当时,地中海沿岸的法国和意大利是浪漫之旅的首选,现在这些地方也是中国新人的选择之一。

说了这么多,还没有解释"蜜月"这个词的起源。我们确实很难认定,人们何时将它与新人的专属旅行绑定在一起。有一种观点认为,蜜月一词来源于"婚后第一个月是最甜蜜的"这种说法,而这种说法起码可以追溯到 1546 年。

还有些流传颇广的传说就更难考证了,比如在约 4000 年前的古巴比伦王国,每当举办婚礼的时候,新人都要喝大量蜜酒,婚礼后,新娘的父亲还要继续提供一个月的蜜酒。这也许真的是蜜与婚姻的最早联系。但很多比古巴比伦晚的文明也有类似习俗,它们都想抢这个"蜜月起源地"的名头,因此争议不断。

还有一个说法:"蜜月"一词最早可能只是用来证明爱情的多变,就如同月有阴晴圆缺一般。据说这种解释来自北欧,16 世纪、17 世纪的英国作家经常在作品里引用。

怎么样,这个说法够有颠覆性吧?

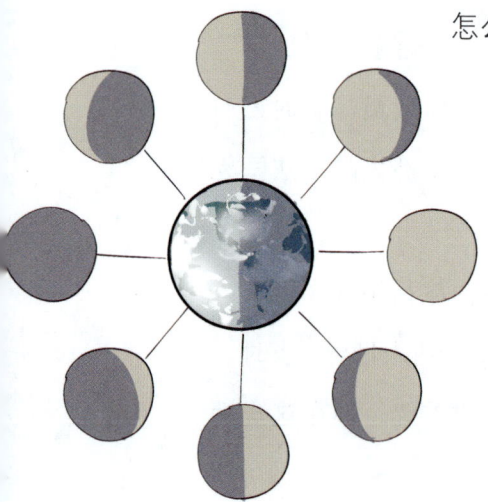

面包落地时，为什么总是涂果酱的那面朝下

你也许听说过墨菲定律吧，简单地说，事情如果有变坏的可能，不管这种可能性有多小，它总会发生；如果你担心某种情况发生，那它就更容易发生。

有一个例子经常被用来说明墨菲定律：面包落地时，涂果酱或黄油的那面总是朝下。

墨菲定律听上去很神奇，我们不妨从面包落地这一例子入手，看看墨菲定律背后到底有什么玄机。

首先，人们对坏事的印象一般会更深。损失果酱对于吃货来说确实是件挺痛苦的事，说不定事后还要清洗地板，这又会增加额外的负担。而如果没涂果酱那面着地，我们可能拿起面包拍一拍就吃了，根本没留下多少记忆。以后回想时，我们自然觉得墨菲定律得到了验证。

类似地，在排队时，有些人会觉得自己所在的队伍总是前进得更慢。有可能他们的运气确实很糟，但更可能的是，

在队伍前进变慢时，他们变得焦虑，反复掂量要不要换队伍，这将给他们留下更深刻的印象。然而，当队伍正常前进时，他们不会意识到自己的运气比别人好。

其次，记忆可能会发生偏差。有时明明是没涂果酱的那面着地，但飞溅的果酱弄脏了地板，时间一长，我们可能只留下了果酱着地的印象。

当然，最关键的还是物理规律。有些人的解释是，面包涂果酱那面更重，一旦翻转朝下，就很难再翻回来。但考虑到生活中的实际场景，或许还有别的解释。

我们通常坐在桌边吃面包，面包离地最多也就一米多高，不管哪面轻哪面重，面包在掉落过程中本来就没多少翻转的机会。这样的话，不应该是没涂果酱的那面着地吗？毕竟我们拿着面包时，通常是涂果酱或黄油的那面朝上啊！

不过别忘了，生活中面包落地往往是意外事件，而不是在实验室里做的自由落体实验。我们不会平稳地端着目标，两手同时放开让它下落。一般而言，我们的手部动作会使面包有一些翻转，从而使涂果酱那面向下。

最后，做个总结吧：如果符合墨菲定律的事情发生了，不管可能性有多小，它总会有一个合理解释。

为什么书的前后经常有几页空白

能读到这一页的你,想必也是爱书之人,读过的书不少。不知你是否注意到,有些书的前面后面会出现几张白纸。

是不是出版社要多卖几张纸?这也太不讲究环保,过于浪费资源了吧?别急,爱书的你一定明白,书籍的价值在于内容,并不在于纸张的多少;而且,就算多了这么几页纸,你也很难觉察出书变厚了,内容变多了。总之,多几页白纸,不会让你更愿意掏钱。

找本比较厚的词典,从侧面看看,书是不是被分成了一叠叠的纸?两叠纸之间有着明显的界限。仔细地挑出其中一叠,数一数面数,这一叠纸总共有几面?不用说我也知道答案,通常是8、16、32或64的整数倍。

哈哈,猜对了吧?我可没有什么特异功能。这叠纸是由一张大纸折叠而成的,对折就得到4面,再对折就得到8面,以此类推……

当然，这些折好的纸都连在一起，肯定不能像书那样一页页打开，这就需要裁切一下。偶尔没切好，两张书页就会连在一起，这时得请读者自己动手啦。

如果我的机器能够在一张纸上一下子打印32面，而你的机器只能打印16面，那么制作同样一本书，你的裁切次数就会比我多一倍；如果我只需要装订10叠纸，你还得装订20叠，显然你在裁切和装订方面都更麻烦，效率也更低。

因此，先进的印刷机能够在更大的纸张上打印更多的页数，唯一的不足之处就是，一本书的页数必须凑到正好是特定数字的整数倍。如果不行，就只能在书中留下空白页了。"有良心"的出版商则会尽量增加些内容，比如推荐语等。

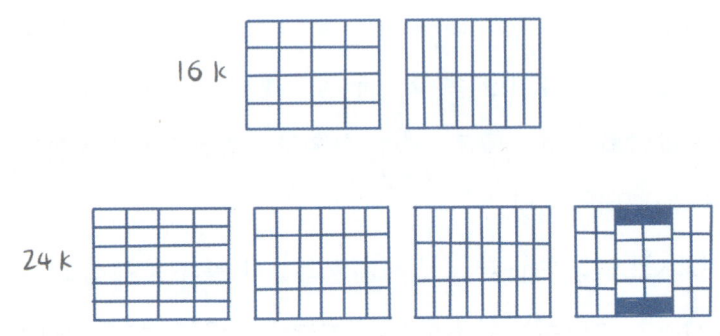

打电话 为什么要先说"喂"

接起电话你会先说什么?也许是一声"喂"。虽然这个字在字典里是第四声,但我们在接电话时一般都会念成第二声,显得更轻柔亲切些。如果用的是没有来电显示的固定电话,你可能还要接着问"您找哪位""您是谁""您怎么称呼"等。

那么"喂"字的这种用法来自哪里呢?是否来自日常用语?确实有些人会在面对面接触别人时喊"喂",但一般都是念成第四声,而且这被认为是极不礼貌的做法。很难想象最初使用电话的人,会主动用类似的方式打招呼。

或许你会说,其实念成第二声的字不是"喂",而是"唯"。在《论语》里,就有用"唯"回答的例子,可在电话普及时,早就没什么人会这样用了。

要不再看看外国人的用法,参考一下?毕竟电话是外来发明，在中国也是来华的外国人最先使用，从他们那里传来"喂"的用法倒也不是不可能。

上海最早的电话是由英商上海华洋德律风公司经营的。德律风是英文"telephone"的音译。英国人通话时可不说"喂"，而是用"hello"。不过，当时租界里的外国人国籍范围很广，法国人打电话说"allo"或"oui"，前者就是"hello"的法语版，后者则念"wi"，听起来倒真的和"喂"有点像。

还有人发现，"喂"也可能和日语有关。现在日本人打电话用的"moshimoshi"，是接线员在连上线后表示可以通话的缩略用语。而最初的电话用户都是大人物，他们说的是"oioi"，这是对下层（当在打电话时也就是指接线员）打招呼的用语。现在日本人打电话时已经不这样打招呼了，只有在通话中请对方等一下时，才会说"oi"，这个词无论是发音还是使用场合，与我们的"喂"还真的挺像。

我们也许永远无法证明"喂"究竟是从哪里来的，那就把历史放到一边，展望下未来吧！当手机越来越普及、信号越来越好，打电话时说"喂"的人会不会越来越少？当电话的拨打与接听对象都非常明确，通话质量也有保证时，人们不需要再用"喂"来询问、测试，大可以开门见山、有事说事了。

为什么本初子午线位于格林尼治

本初子午线是什么东西？其实就是0度经线而已。这一词汇的翻译很可能受日语影响。"本""初"是本原、初始的意思，而在十二地支中，"子""午"分别排在第一位、第七位，古人以"子"为正北，以"午"为正南，所以紫禁城最南边的城门叫"午门"。如果把十二地支按顺时针排成一圈，"子""午"的连线恰好是一条南北方向的纵线，在常见的地图上，这就是经线的方向。

可问题来了，地球是圆的，任何一条经线，都可以被定为0度经线，它为什么偏偏落在英国的格林尼治天文台呢？这与人类测量经线长度的历史有关。

古代各文明都有人尝试测量经线的长度，比如古希腊科学家埃拉托斯特尼、中国唐代天文学家僧人一行等。一般认为，与现代的经线长度精确值相比，他们的测量误差都在10%以上，但这已经很不容易了。到公元814年，天文学家花拉子

米在如今的幼发拉底河平原进行测量,得到了误差1%左右的精确结果。

不过遗憾的是,当时人类并没有进入大航海时代,经线长度的测量结果未受重视,更不可能在其他文明间形成影响力,谁也没想起确认0度经线的事。

后来,法国人对子午线产生了浓厚的兴趣。1634年7月1日,路易十三规定巴黎子午线为0度经线。到18世纪,法国科学院再次测定了经线的长度,还定义了长度单位"米",即"四分之一子午线的千万分之一长"。

0度经线与航海密切相关,如果有两套经线体系,就容易造成误解。虽然法国人积极"抢注"0度经线,但英国最终夺取了海上霸权,在这一问题上获得了更大的话语权,想要确立格林尼治子午线为0度经线。同时,很多国家也在制定自己的本初子午线,比如德国的柏林子午线、西班牙的托莱多子午线。

在一片混乱中,各国于1884年在华盛顿举行了国际子午线会议。虽然英法之间早已停战,但法国人可没有咽下这口气。他们在会上向英国发起挑战,建议将非洲西北角的加那利群岛中的耶罗岛作为 0 度经线的位置基准。

这样一来,所有欧洲主要国家的经度都将为正值,不像格林尼治子午线把英国切成正负两半,听起来对英国也很有好处。而且这条子午线其实在航海领域长期使用,也算历史悠久了。

然而,英国人并不同意。为了保住格林尼治子午线的 0 度经线地位,英国人甚至表示愿意支持在国际度量衡系统中采用法国人的方案。这才有了我们现在的长度单位"米",而就像先前说的,长度单位"米"与经线测量关系密切,法国也算是在经线问题上扳回一局。

事实上,这一交换对英国而言,真不是一笔好买卖。也许他们自己也意识到了这一点,所以很快就反悔了,在英国和英属殖民地继续使用英制,而不是公制。如果当年耶罗子午线被定为 0 度经线,也许我们现在就得使用"英寸""英尺"了,谁知道呢?

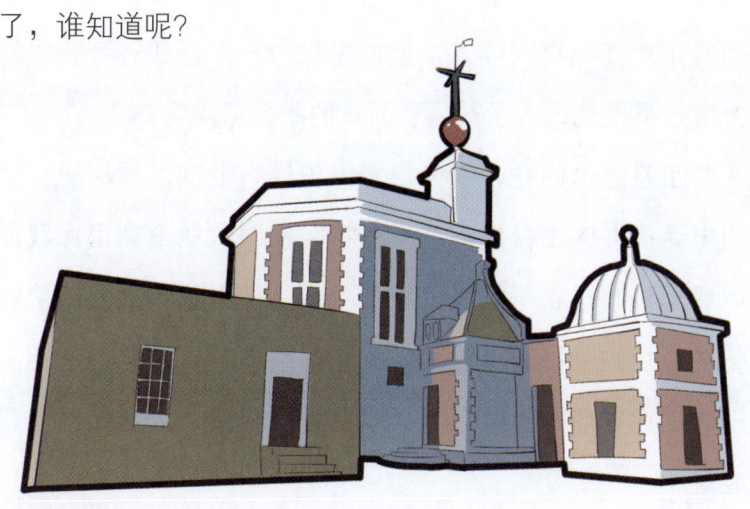

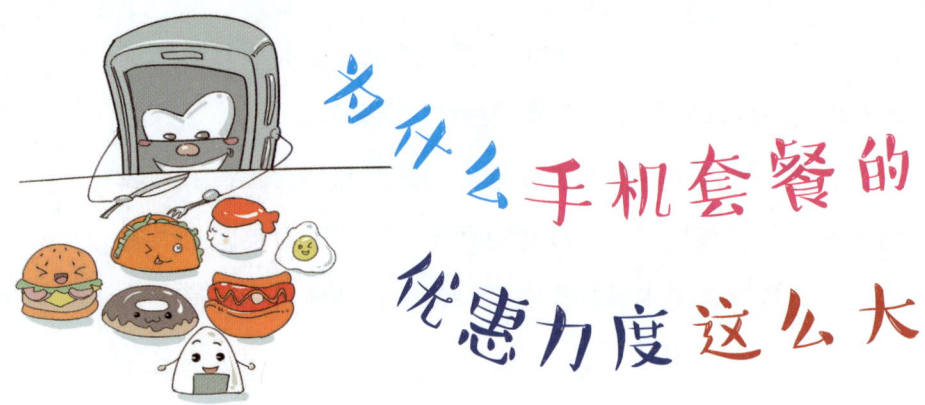

为什么手机套餐的优惠力度这么大

不知道你有没有为选择手机套餐而烦恼过。现在的手机套餐，通常包含了通话时长、短信数量、网络流量等各种指标，有的还提供接听免费等优惠服务。不同套餐的这些指标各不相同，满足了人们差异化的需求，却也让人感到眼花缭乱。

至于每月超过套餐的使用量，电信运营商则要收取相对较高的费用。如果按照超支部分的单价计算，套餐内原有项目的费用可能会高得吓人。反过来思考一下，那些套餐的优惠力度是不是也太大了？运营商真的不会亏本吗？

要回答这个问题，首先得看看电话行业的发展历史。早期的电话需要人工接线，在一些描绘旧时代的电影里，我们可以看到接线员在一块板上插拔插头。通过这种方式，接线员把两个用户的线路"连接"起来，使他们能顺畅地通话。这一时期用得起电话的只是极少数达官显贵，人工接线还足以应对。

直到19世纪末20世纪初，自动交换机才开始逐步投入使用。自动交换机采用的是具有机械动作的电磁元件，大大节省了人力。当然，打电话的成本计算是很复杂的，从线路建设、维护到人员运营等各方面都要考虑，但自动交换机的广泛使用无疑创造了降价的空间。20世纪60、70年代，程控交换机登场，使得接线员这一工作完全电子化。

接线的人力问题彻底解决了，但在那时信号传输时的线路占用问题还没解决。当时人们一打电话就要占用一条通信线路，这么看来按通话时长收取电话费的做法还是挺合理的。长途电话占用的通信线路更长，自然也要收取更高的费用。

此外，这种收费方式也可以适当控制人们的通话需求。如果话费太过低廉，许多人就要"煲电话粥"，进而占满通信线路。

现在我们已进入网络时代，通话数据都可以由网络传输，也就是IP电话。虽然数据的网络传输也要靠线路，但这和信号在电话线中传输完全不是一回事。在网络上可以同时传输许多数据包，只要把数据包传送到正确的终端，就可以支持大量用户同时打电话。使用手机时也是如此，数据信号被发往基站，再通过光纤，逐层传到运营商的中心机房。这和IP电话类似，每次打电话并不需

要占据一条单独的基站线路。因此，手机运营商便可以灵活定制价格低廉的套餐，甚至大打价格战。

但手机套餐太过便宜，对消费者来说也未必是好事，运营商将没有足够的资金来升级设备、线路网络，或者建造新的基站使信号覆盖范围更广。国外的私营电信运营商还会故意忽略偏远地区，因为那里的用户太少，投资得不到回报。相比之下，我国的国有企业则更重视社会效益，不断加快偏远地区的基站建设，这也是中国的手机信号覆盖率高于欧美发达国家的原因。

为什么浴帘爱贴身

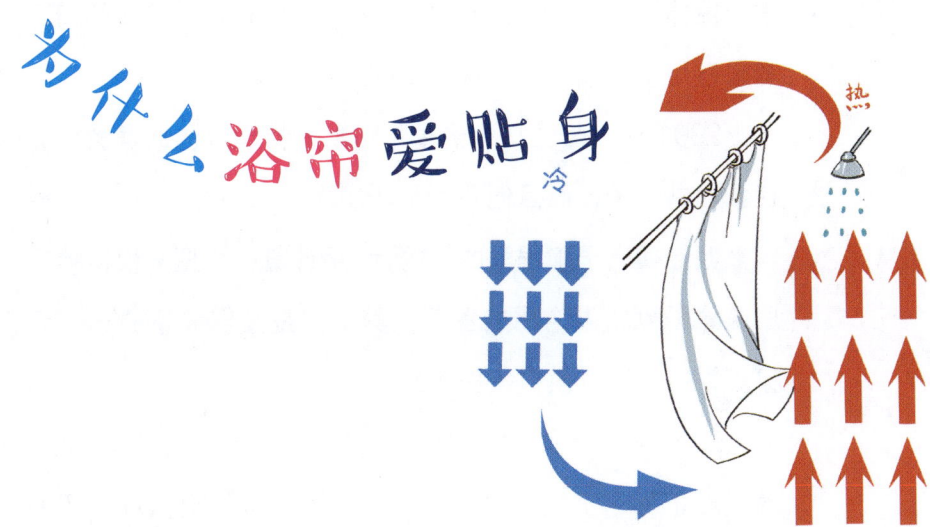

为什么洗澡时浴帘常常会贴身上?这个问题的答案看上去很简单。

热水一开,把周围的空气加热了,浴帘内热空气上升、气压下降,浴帘外的气压相对就高了,自然就会把浴帘推到我们身上啦!

等等,你说用冷水洗澡时,浴帘也可能会贴身上?

这难不倒科学家,他们提出了一个基于"伯努利原理"的假说,来解释这一现象。所谓"伯努利原理",简单来说,就是当流体流动时,流速越大,压强就越小。

在我们洗浴时,水流会带动空气一起流动,在帘子内侧的空气压力就比外面小了。有的专家甚至认为,影响空气的不仅是水流,人在洗澡时的动作也会对空气压强产生一定的影响。

不过,这毕竟只是理论假说,而且经典的伯努利方程是关于流体的,没有讨论淋浴时那种空气中存在着液滴的情况。有没有可能更精确地解释浴帘贴身这一现象呢?

2001年,美国马萨诸塞州阿默斯特学院的助理教授施密特真的做到了,而且他还有了新发现。

他最初出于工程学的目的,利用计算机模型来模拟喷雾,后来意识到,淋浴用的莲蓬头其实就是喷雾设备的一个实例嘛。为何不试试模拟莲蓬头的喷雾?

他用的模型不仅能同时研究气体与液体,还能够模拟液滴变形带来的空气动力学影响。为了尽可能模拟真实环境,他把不大的淋浴区域,划分成整整5万个小区间,同时还考虑了浴缸、莲蓬头、浴帘杆以及淋浴区域外部的空间。

由于模型参数设置得非常精细,施密特利用整整两周的业余时间,才模拟了30秒的淋浴,但获得的数据已经足够看出端倪了。

极细的小水滴与浴室中的空气相互碰撞,将部分空气往

下带，但顽强的空气又会往上升。最终在液体与气体的共同作用下，产生了涡旋。涡旋的中心就像台风眼一样，形成了水平方向的低气压，从而把浴帘"吸"过来。

施密特因为这项既有技术含量又接地气的研究，获得了2001年的搞笑诺贝尔物理学奖。

然而，这种莲蓬头产生的涡旋效应并不强，因此，我们只要在浴帘下配上些重物，就能够阻止浴帘飘动。如果水流不是很急，或者莲蓬头没有将水流分得很散——也就是说许多液滴聚在一起，没能参与和气体的相互作用，那么产生的涡旋也不足以让浴帘贴到我们身上。

当然，现在又流行起干湿分离的浴室，用玻璃门等隔出淋浴区间，在这样的浴室中洗澡就更没有浴帘贴身的烦恼了。

冲厕所的水都流到哪儿去了

不少刚学会使用抽水马桶的小朋友，会把它看成一个"大玩具"，总要抢着按下冲水按钮。这"大玩具"里的水的来源很好猜，背后那个"大箱子"是它的藏身之所，但这些水最终都流到哪儿去了呢？会不会有什么危害呀？

如果小朋友有幸在家里装修时"视察"一番，就会发现，在装马桶的地方有一个圆圆的大洞，污水从这里先进入化粪池，经处理后进入城市污水管网，与各家各户的污水混在一起，送往污水处理厂。

肮脏的污水没人喜欢，所以许多人类的早期城市就已经有污水管道了，比如中国秦代和古罗马的都城。甚至连中国商朝后期都城遗址殷墟也出土过陶管，考古学家认为那也是下水道的部件。当然，绝大部分古代城市的下水道还很不完善，许多只是露天的水沟而已。较好的设施则主要为贵族阶级服务。

在相当长的一段时间内，有些地区的人们没有养成良好的卫生习惯，自罗马时代起，欧洲城市居民就直接从窗口往街上倒粪尿。17世纪的巴黎，因为人们不幸被粪尿"命中"而引起的纠纷太多，所以法令规定市民只许在夜里从楼上倒，倒前必须先喊一声"注意尿"。

有些古代排水设施至今仍能发挥作用，是不是很神奇？但这背后另有故事。赣州的福寿沟修建于宋朝，连通了许多城内的池塘，虽然在下大雨时可以调节流量，但若不打理也容易堵塞。明清时，福寿沟的排水功能已大大降低，1869年赣州官民合力修复福寿沟以解决内涝问题。中华人民共和国成立后又进行了一次大修，而且当赣州市区向外扩展时，将新建的排水系统与福寿沟融合在一起。

古代的创造确实很了不起，但留存下来的古代排水设施如今最多也只能承担城区一小部分的排水。

现代排水系统的雏形出现在巴黎。由于当时卫生条件太糟糕，总是爆发鼠疫、霍乱等流行病，人们这才下决心彻底改变。现在巴黎有世界上最大的污水管道网，确保污水顺畅地排出，不再污染城市环境，有些污水管道甚至与它上方的马路一样宽。

当然，下水道绝对不是终点。过去，污水都直接排到城里的河道中，导致河流被污染，发黑发臭。人们意识到必须兴建污水处理厂，将污水净化后再排放到河里。现在，即便是净化后的污水,也会排放到远离自来水厂取水口的地方。

人口超千万的超级城市产生的污水也非常多,污水处理厂往往已经不堪重负。一旦下暴雨,相对干净的大量雨水和污水混在一起进入污水处理厂,那可真要吃不消了。处理这些水要额外消耗很多资源,实在来不及处理的,就只能直接排放到河里造成污染。

于是人们开始推广雨污分流的下水道。最简单的办法就是把街边下水口收集的水,汇合到雨水管,住宅、企业的下水管收集的水汇合到污水管,前者经过简单沉淀就可以排放到河里,后者则送入污水处理厂。复杂一点的污水则要通过各种装置进行处理。

总之,冲厕所的水在回到江河里前,要走过很长一段路。但与过去不同,它们"回家"前已经在处理厂把自己"洗"干净了,我们大可不必担心。

为什么自行车行进时能保持平衡

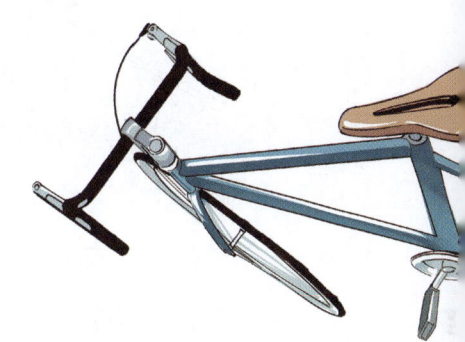

大多数人都能学会骑自行车,这似乎没什么了不起的。真正"了不起"的是,即使没人控制,只要有一定的初速度,它也能自己保持平衡行驶很长一段路,是名副其实的"自行车"。

不信?也许你还能证明我错了——在平地上把自行车推出去,结果它很快就倒下来了。这是因为自行车与地面间的摩擦力使它的速度迅速变慢,失去了平衡的能力。如果你在一个缓坡上把自行车推下去,它能跑得很远都不倒,即使你在侧面轻轻推一下,它也只是偏转个小角度,继续往前走。

好了,当你相信自行车确实有些神奇之处时,我们就可以认真严肃地探讨一下其中的原因了。

你或许会脱口说出"离心力"。自行车倒向一边看起来像是个转弯的过程,我们坐在转弯的汽车上时,不是会向外侧倾倒吗?这不就是离心力吗?这样的作用肯定也会把自行

车"扶正"吧!

虽然这听上去似乎很有道理,但自行车被"扶正"绝对不是离心力的功劳。离心力是一个虚拟的力,能更方便地用来描述惯性现象。

当我们乘坐在左转弯的汽车上时,惯性使我们继续向前,"跟不上"车辆左转的步伐,相对于汽车来说我们就向外倾倒了,看上去似乎受到"离心力"的作用,其实并没有这样的力。当然我们最终还是跟着车子向左转了,座椅的支持力、坐垫的摩擦力,这两个实实在在的力,提供了我们转弯所必须的"向心力"。

既然"离心力"是虚拟的、并不实际存在的力,自然不可能"扶正"自行车。

你也许还会想到陀螺。确实,陀螺飞快旋转时,轴的方向很难被外力改变,人类根据这种性质,发明了陀螺仪。陀螺仪的用处很大,比如飞机上的陀螺仪可以敏锐地发现运动方向的偏差,让飞行控制系统自动修正航向。

自行车的轮子类似于两个横着的陀螺,然而,单单用陀螺的原理去解释自行车却行不通。最简单的,只要把车的龙头固定住,不让它向左或向右偏,刚被推出去的自行车就会很快倒下。

这无疑证明,龙头是影响自行车运动的非常关键的一环。车子倾斜时,龙头也偏向了那一侧,继而带动轮子往同一侧偏转，把刚刚偏离的重心又"拉回"了两个轮子之间。

　　龙头为什么会自动偏向倾斜的一侧呢？首先，龙头的轴是向后倾斜的，把这根轴向下延长，它与地面的交点在前轮的着地点之前。当车身倾斜时，前轮受的地面支持力起到将它向外侧翻的作用，新的前轮着地点一般会落在轴的延长线上或附近。你不用推动自行车，只要扶着坐垫倾斜它，就可以验证。

　　其次，如果把龙头的轴竖直起来看，龙头和前轮的大部分重量都在轴前面，自行车倾斜时，这部分的重力也会让龙头朝车身倾斜侧偏转。这也很容易验证，但要花点力气，因为得把自行车扛起来，抬高尾部，才能使龙头的轴竖直。

　　最后，陀螺的原理还是发挥了点作用，虽然它不足以直接扭转自行车，但是可以帮助前轮偏转。

　　然而，这些因素都不足以保证自行车平衡，一两个条件不满足，也不代表肯定就不平衡。科学家发明了一辆自行车，靠增加一个逆向旋转的轮子抵消前轮的陀螺效应，而且前轮的着地点比龙头的轴的延长线更靠前一点点，它仍然能够"自行"。

　　自行车看上去确实很简单，但影响平衡的因素太多了，如果任意给出一些数据，科学家在不做试验的情况下还未必能判断出这样的车是否能在行进时保持平衡。

　　看完这些再去骑自行车，你会不会有种肃然起敬的感觉呢？

为什么雨水尝起来不咸

这真是个好问题。简单地说,雨水其实真的是"咸"的,只不过里面的盐分太少了,我们的舌头很难察觉。

我们知道,水蒸气凝结在一起就形成了雨滴。但在空中飘荡的水分子,可不会随便拉起手,它们需要一个核心才能凝结,这个核心又被称为凝结核。如果没有凝结核,这些气体状态的水分子宁可挤得满满的,也拒绝结合到一起。

当然,我们在生活中几乎不可能观察到这种现象,因为凝结核无处不在,它们种类繁多,比如从沙漠戈壁吹来的沙粒,

城市里工厂产生的炭灰，遥远火山喷发出的火山灰等。

盐晶粒，也是常见的凝结核之一。它们含有一些特殊的杂质（氯化镁等），具有极强的吸水能力，能把很多水蒸气分子凝聚到一起。也正是由于受这些杂质的影响，如果不注意存放方式，在潮湿天气里，食盐会吸水而板结。

所以，用雨水来泡茶可不是什么好主意，偶尔淋雨或喝到雨水不会对身体产生什么影响，但我们也没必要特地收集雨水来喝。雨水里有点矿物质未必是坏事，然而在现代环境下，谁知道里面有什么凝结核呢！

为什么大海会有潮涨潮落

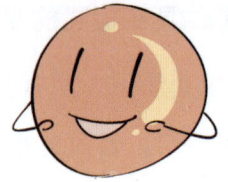

每年农历八月十八前后,都会有无数游客来到钱塘江两岸观赏大潮。这样雄壮的自然景观早就引起了人们的注意,最晚到唐宋时期,在钱塘江观潮就已经非常流行了。

古人可不是光顾着消遣,他们早已看出潮汐与月亮的关联。东汉的王充在《论衡》里说:"涛之起也,随月盛衰。"

然而,为什么潮汐会与月亮有关呢?这实在超出了古人的认知范围,要不中国人很可能会率先发现万有引力。

没错,答案与"万有引力"相关。月亮和地球会互相吸引,但既然叫"万有引力",那么参与进来的就绝不只是它们。地球上的海水也会与月球互相吸引,这真不是因为月亮"爱屋及乌",我们其实也在和月亮互相吸引呢!

当然,地球更大、离我们更近,对我们的吸引力更强,我们不会被月亮吸走,也不会感受到明显的变化。可海水是液体,正对月亮的部分就会被牵起来,出现高潮;另一面最远离月亮的部分,所受引力最弱,向外侧鼓起来,也形成了高潮。大约在两个高潮位置正中间的地方则形成了低潮。

随着月亮的转动,形成高潮、低潮的位置也在移动,这就是我们所说的潮汐现象。

在讨论潮汐问题时,还不能忽略太阳。它虽然离我们很远,但引力巨大,所以对潮汐也有不小的影响。当太阳、月亮和地球在一条直线上时,潮汐规模最大,据说在海水搅动的情况下海鲜也更容易捕捞。

不过,为什么钱塘江的潮水最有名呢?这与它的喇叭口地形有关。潮水向上游涌去时,"路"越来越窄,所以潮水就挤在一起,越叠越高,形成了壮观的景象。

虽然月亮、太阳决定了潮汐的规模,但最终能不能形成景观,主动权还是掌握在地球手里。比如,地中海几乎被陆地封住,内外流动没那么顺畅,月亮、太阳不容易拉动里面的海水,就不会形成大潮。又如,中国古代长江的广陵涛,原

在扬州附近,因为水道曲折,又受到江心沙洲的挤压,形成了大潮,在古代名气比钱江潮还大。然而,随着长江的泥沙淤积,长江口外移,广陵涛也就渐渐消失了。

图书在版编目（CIP）数据

盲人能在梦中看到大象吗：妙趣横生的生活冷知识 / 岑少宇著. —上海：上海科技教育出版社，2022.1
（尤里卡科学馆）
ISBN 978-7-5428-7499-3

Ⅰ.①盲… Ⅱ.①岑… Ⅲ.①科学知识—青少年读物 Ⅳ.①Z228.2

中国版本图书馆CIP数据核字（2021）第043709号

责任编辑　顾巧燕
装帧设计　李梦雪

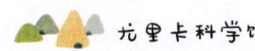

盲人能在梦中看到大象吗
——*妙趣横生的生活冷知识*

尹传红　主编
岑少宇　著
宫世杰　插图

出版发行　上海科技教育出版社有限公司
　　　　　（上海市闵行区号景路159弄A座8楼　邮政编码201101）
网　　址　www.sste.com　www.ewen.co
经　　销　各地新华书店
印　　刷　上海中华印刷有限公司
开　　本　720×1000　1/16
印　　张　8.75
版　　次　2022年1月第1版
印　　次　2022年1月第1次印刷
书　　号　ISBN 978-7-5428-7499-3/G·4403
定　　价　52.00元

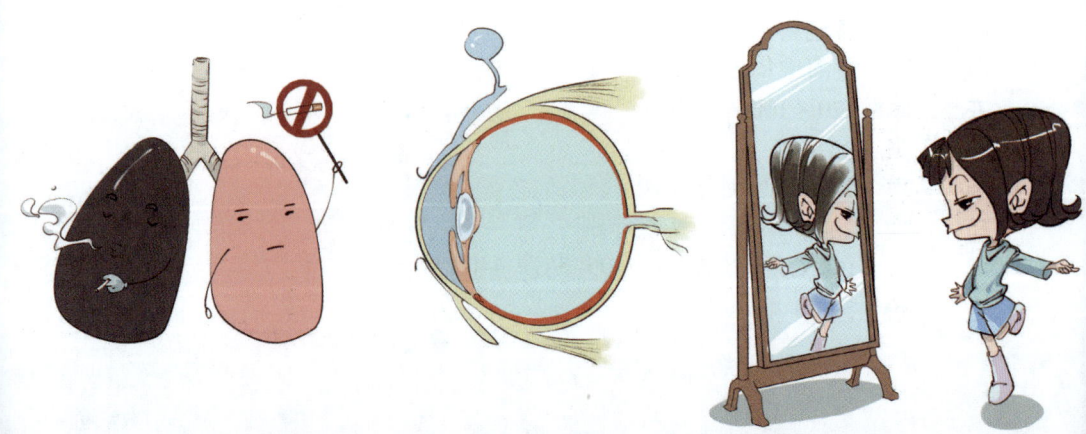